MAGASIN THÉATRAL.

PIÈCES NOUVELLES

JOUÉES SUR TOUS LES THÉATRES DE PARIS.

THÉATRE DES FOLIES-DRAMATIQUES.

LA CHANVRIÈRE,

Comédie en trois actes, mêlée de chant, par M. ÉDOUARD PLOUVIER.

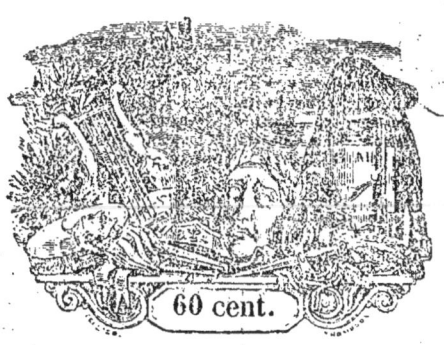

60 cent.

PARIS.

LIBRAIRIE THÉATRALE, BOULEVARD SAINT-MARTIN, 12.

ANCIENNE MAISON MARCHANT.

1852

MAGASIN THÉATRAL.

CHEFS-D'ŒUVRE DU THÉÂTRE FRANÇAIS, A 40 CENTIMES.

Athalie, tragédie en 5 actes.
Andromaque, tragédie en 5 act.
Avare (l'), comédie en 5 actes, de Molière.
Barbier de Séville (le). c. 4 a.
Britannicus, trag. en 5 actes.
Cinna, tragédie en 5 actes.

Cid (le), tragédie en 5 actes.
Dépit amoureux (le). c. 2 actes.
École des Femmes (l'), c. 5 actes, de Molière.
Folies amoureuses (les), c. 3 ac.
Hamlet, tragédie en 5 actes.
Horaces (les), tragédie, 5 actes.

Iphigénie en Aulide, trag. 5 act.
Mahomet, tragédie en 5 actes.
Mort de César (la), trag. 5 act.
Misanthrope (le), com. en 5 act.
Mariage de Figaro, com. 5 actes.
Mère coupable (la), c. 3 actes.
Mérope, tragédie en 5 actes.

Métromanie (la). com. en 5 act.
Malade imaginaire (le), c. 3 act.
Othello, tragédie en 5 actes.
Phèdre, tragédie en 5 actes.
Polyeucte, tragédie en 5 actes.
Tartufe (le), com. en 5 actes.
Zaïre, tragédie en 5 actes.

MONOLOGUES A 25 CENTIMES.

Camille Desmoulins, monol. dr.
Chatterton mourant, monologue.

Dre nuit d'André Chénier (la).
Jeanne d'Arc en prison, mono.

Lanterne de Diogène (la), mono.
Mort de Gilbert (la), mono.

Vie de Napoléon (la), récit, 1 a.
Vision du Tasse (une), mon. 1 a.

PIÈCES A 50 CENTIMES.

Alchimiste (l'), d. 5 a A. Dumas.
Ami Grandet (l'). c.-v. 3 a.
Amours de Psyché (les), p.f. 3 a.
Amours d'une Rose, (les) v. 3 a.
Ango, drame en 5 actes.
Apprenti (l'), v. en 1 a.
Atar-Gull, drame en 5 actes.
Auberge de la Madone (l') d.5 a.
Aumônier du régiment (l'), 1 a.
Aven. de Télémaque (les), v. 3 a.
Aveugle et son bâton (l'), v. 1 a.
Avoués en vacances (les), 2 a.
Badigeon 1er, vau. en 2 act. s.
Belle Limonadière (la), c.-v. 3 a.
Blanche et Blanchette, d.-v. 5 a.
Bonaparte, drame milit. en 5 a.
Bergère d'Ivry (la), d.-vau. 5 a.
Berline de l'Émigré (la), d. 5 a.
Brigands de la Loire (les), d. 5 a.
Biche au Bois (la), féerie, 18 tab.
Brelan de Troupiers (le), v. 1 a.
Boquillon, dr. 3 actes.
Benoit ou les deux cousins.
Bianca Cantarini, drame 5 actes.
Cabaret de Lustucru (le), v. 1 a.
Cachemire Vert (le), 1 a. A. Dumas
Cas de Conscience (un), c. 3 a.
Cheval de Bronze (le), op. c. 3 a.
Cheval du Diable (le), dra. 5 a.
Châle Bleu (le). com. 2 actes.
Charlot, comédie en 5 act.
Claude Stock, dra. en 4 actes.
Chauffeurs (les), drame en 5 a.
Château de Verneuil (le), d. 5 a.
Château de St-Germain (le), 5 a.
Chef-d'œuvre inconnu (le), 1 a.
Chiens du mont St-Bernard (les) drame en 5 actes.
Cromwell et Charles Ier, 5 a.
Caligula, tra. 5 a. A. Dumas.
Calomnie (la), com. 5 actes.
Chambre ardente (la), 5 actes.
Christine à Fontainebleau, dra.
Canal St-Martin (le), dra. 5 a.
Chevaux du Carroussel (les), 5 a
Chevalier de St-Georges (le), 3 a.
Chevalier du Guet (le), c. 3 a.
Christophe le Suédois, d. 5 a.
Colombe et Perdreau, idr. 3 a.
Commis et la Grisette (le), vaud. en 1 acte.
Compagnons (les), ou la Mansarde de la Cité, drame en 5 actes
Chevalier d'Harmental (le), dra. 5 a. Alex. Dumas et Maquet.
Conscrit de l'an VIII (le), c. 2 a.
Connétable de Bourbon (le), d. 5 a.
Comte Hermann (le), dra. 5 a Alex. Dumas.
Chercheurs d'Or (les), dra. 5 a.
Camille Desmoulins, dra. 5 a.
Chevaliers du Lansquenet (les), drame en 5 actes.

Cravatte et Jabot, com.-vau. 1 a.
Croix de Malte (la), drame 3 a,
Chute des feuilles (la), pro. 1 a.
Chasse au châtre. A. Dumas.
Comte de Mansfield, dr. 4 actes.
Chevau-légers de la reine, 3 a.
Corde de pendu.
Deux Anges, c.-v. 3 actes.
Deux Amoureux de la grand'-mère (les), 1 acte
Discrétion (une), com. 1 a.
Deux Serruriers (les) d. 5 a.
Demoiselles de Saint-Cyr (les) drame 5 actes, A. Dumas.
Deux Divorces (les), v. 1 a.
Demoiselle majeure (la), v. 1 a.
Domestique pour tout faire.
Dot de Suzette (la), d. 5 a.
Doigt de Dieu (le), dra. 1 a.
Don Juan de Marana. A. Dumas.
Diane de Chivry, drame, 5 a.
Duchesse de la Vaubalière (la).
Élève de Saint-Cyr (l'), d. 5 a.
En pénitence.
Éclat de rire (l'), dra. 3 a.
École Buissonnière (l'), c.-v.
École du monde, 5 actes.
Éléphants de la Pagode (les).
Emma, comédie en 3 actes.
Empire (l'). 3 actes et 18 tabl.
Enfants d'Édouard (les), 5 a.
Enfants de Troupe (les), v. 2 a.
Enfants du Délire (les), v. 1 a.
Estelle, com. par Scribe, 1 acte
Etre aimé ou mourir, com. 1 a.
Eulalie Granger, drame 5 actes.
En Sibérie, drame en 3 actes.
Entre l'enclume et le marteau.
Étoiles (les), vaudeville 5 actes.
Expiation (une), drame 4 actes.
Faction de M. le Curé (la), v. 1 a.
Famille du Mari (la), com. 3 a.
Frères corses (les) dra. 3 actes.
Famille Moronval (la), dra. 5 a.
Famil e du Fumiste (la), v. 2 a.
Fargeau le Nourrisseur, v. 2 a.
Fille à Nicolas (la), c.-v. 3 a.
Fille de l'Avare (la), c.-v. 2 a.
Fille de l'Air (la), féerie en 5 a.
Filets de Saint-Cloud (les) d. 5 a.
François Jaffier, dr en 5 actes.
Frétillon, com.-vaud. en 3 actes.
Fiole de Cagliostro (la), v. 1 a.
Folle de Waterloo (la), dr. en 5 a.
Forte-Spada, drame en 5 actes,
Fille de Novice, dr. en 5 actes.
Fils de la Folle (le), dr. en 5 a par F. Soulié
Fils d'une grande Dame 1er, 2 a.
Fille du Régent (la), A. Dumas.
Ferme de Montmirail (la).
Garçon de recette (le), d. en 5 a
Gars (le), drame en 5 actes.

Gaspard Hauser, dr. en 5 actes.
Grand'Mère (la). 3 actes, Scribe.
Geneviève de Brabant, mélod.
Gazette des Tribunaux (la), v. 1 a.
Guerre de l'indépendance (la).
Guerre des Femmes.
Halifax, com. par Alex. Dumas.
Henri le Lion, drame en 6 act.
Homme du Monde (l').
Honneur dans le crime (l'). 5 a.
Honneur de ma mère (l'), 5 a.
Indiana et Charlemagne, 1 acte
Indiana, drame en 5 actes.
Ile d'amour (l'). c.-v. 3 actes.
Il faut que jeunesse se passe.
Impressions de voyage (les).
Japhet à la recherche d'un père.
Jacques le Corsaire, dr. 5 a.
Jacques Cœur, drame en 5 actes.
Jarvis l'honnête homme, d. 5 a.
Jeanne de Flandre, d. en 5 a
Jeanne de Naples, idem.
Jeanne Hachette, dr. en 5 actes.
Je serai comédien, com. 1 act.
Juive de Constantine (la), 5 a.
Jarnic le Breton, drame 5 actes.
Juillet, drame 3 actes.
Le tocq, op. com. 3 a.
Lectrice (la), c.-v. en 2 actes.
Léon, drame en 5 actes.
Lucio, drame en 5 actes.
Louisette, c.-v. en 2 actes.
Louise Bernard, Alex. Dumas.
Laird de Dumbiky (le), A. Dum.
Lorenzino, par Alex. Dumas.
Lescombat (la), d. en 5 actes.
Lucrèce, com.-vaudeville
Le Lansquenet, vaudeville 2 a.
Madame Panache, c.-v. 2 actes.
Margot, vaudeville, 1 acte.
Mineurs de Trogolfit (les), d. 3 a.
Mont-Bailly, drame, 4 actes.
Marco, comédie en 2 actes.
Misère (la), dr., 5 actes.
Maurice et Madeleine, 3 actes.
Marino Faliero, tragédie, 5 actes
Marie, comédie, 5 actes.
Mari de la veuve (le), A. Dumas.
Marguerite d'York, 5 actes.
Marguerite de Quelus, idem.
Marguerite, vaudeville, 3 actes.
Mathias l'invalide, c.-v. 2 actes.
Madame et Monsieur Pinchon.
Marcel, drame en 5 actes.
Monk, drame en 5 actes.
Maîtresse de langues (la), v. 1 a.
Marquise de Senneterre (la).
Mathilde ou la Jalousie, 2 actes.
Monsieur et Madame Galochard.
Murat, drame, 5 actes et 16 tab.
Mari de la dame de chœurs (le).
Marquise de Prétintailles (la).
Madeleine, drame en 5 actes.

Manoir de Montlouviers (le), 5 a
Main droite et main gauche (la).
Mademoiselle de la Faille, d. 5 a.
Marché de Saint-Pierre (le), 5 a.
Marguerite Fortier, idem.
Maître d'école (le), c.-v. 2 actes.
Mémoires du diable (les), 5 a.
Mille et une nuits (les), 3 a. 16 t.
Moulin des tilleuls (le), 1 acte.
Ma maîtresse et ma femme, 2 a.
Mon parrain de Pontoise, 4 a.
Mère de la débutante (la), 3 ac.
Mme Camus et sa demoiselle.
Marcelin, drame 5 actes.
Meunière de Marly (la), 1 acte.
Monsieur Lafleur.
Naufrage de la Méduse (le), 5 a.
Napolé on Bonaparte, A. Dum.
Nonne sanglante (la), dr. 5 actes.
Nouveau Juif-Errant (le). 3 actes
Officier (l'), dr. 5 actes.
Orphelins d'Anvers (les), idem.
Orangerie de Versailles (l'), 5 a.
Ouvrier (l'), 5 actes, F. Soulié.
Parisienne (une). c.-v. 5 actes.
Philippe III, drame 5 actes.
Paris au bal, vaudeville 3 actes.
Paris dans la comète, 3 actes.
Peste noire (la), drame 5 actes.
Paysan des Alpes (le), dr. 5 actes.
Paul Jones, 5 actes, Alex. Dum.
Pauvre mère, dr. 5 actes.
Père Turlututu (le).
1res armes de Richelieu (les), 3 a.
Proscrit (le), 5 a. Fréd. Soulié.
Pauvre fille, idem.
Pascal et Chambord, 2 actes.
Paméla Giraud, 5 actes, Balzac.
Paul et Virginie, 5 actes.
Paris la nuit, idem.
Paris le bohémien, idem.
Plaine de Grenelle (la), 5 actes.
Pensionnaire mariée (la), v. 2 a.
Perruquier de l'empereur (le).
Pierre Lerouge, c.-v. 2 actes.
Pilules du diable (les), f. 18 tab.
Petites misères de la vie humaine
Petit Tondu (le), 3 a. et 10 tab.
Pruneau de Tours, vaud. 1 acte
Pauline, drame en 5 actes.
Pied de mouton (le), féerie.
Prince Eugène et l'Impératrice Joséphine (le), dr. 10 tab.
Prussiens en Lorraine (les), 5 a.
Pauline, châtiment d'une mère
Père à cheval, c.-v. 3 actes.
Père Trinquefort, vaud. 2 actes
86 moins 1.
Quatre coins de Paris (les), 5 a.
Qui se ressemble se gêne, v. 1 a
Quand l'amour s'en va, v. 1 a
Renaudin de Caen, com. 5 actes.
Riche et pauvre, drame 5 actes.

LA CHANVRIÈRE

COMÉDIE EN TROIS ACTES, MÊLÉE DE CHANT,

PAR

M. ÉDOUARD PLOUVIER

REPRÉSENTÉE POUR LA PREMIÈRE FOIS, A PARIS, SUR LE THÉATRE DES FOLIES-DRAMATIQUES, LE 27 AVRIL 1852.

A M. Mouriez

Directeur du Théâtre des Folies-Dramatiques,

Monsieur,

Ce n'est pas tout que d'avoir trouvé la pierre et de l'avoir taillée bien ou mal! Il faut encore le joaillier qui la monte et l'enchâsse de façon à faire jouer ses feux, quand toutefois elle a des feux. Pour ma *Chanvrière*, je veux dire pour mon petit caillou, vous avez été, monsieur, le joaillier habile dont la main-d'œuvre seule fait les vrais bijoux, et ce n'est pas votre faute si mon strass n'a pas ressemblé davantage au diamant.

Pour parler sans strass et sans monture, je vous ai trouvé, Monsieur, pour ma pièce et pour moi si intelligemment bon, à tous les instants, en tous les détails, j'ai si bien rencontré en vous le directeur tel qu'il doit être, que j'éprouve un vif plaisir à vous dédier ma comédie. Si *la Chanvrière* a quelque succès, elle vous le doit, et en vous offrant ce succès, je ne fais que vous rendre ce qui vous est véritablement dû. En l'acceptant, croyez-le bien, vous ajouterez encore, à la reconnaissance de

Votre très-reconnaissant

Paris, 1er mai 1852. ÉDOUARD PLOUVIER.

P. S. Où passe le capitaine, s'élancent les soldats, et j'ai à remercier tout le monde, Monsieur, dans votre théâtre. Permettez donc que ce post-scriptum s'adresse à ceux dont j'ai tant à me louer. Je vous remercie, mes chers acteurs; je vous remercie, mes amis, du fond d'un cœur que vos bons efforts ont touché : Vous, madame Champenois, si digne et si touchante dans l'épouse méconnue, et dont les vraies larmes font couler tant de larmes! Vous, madame Bergeon, restée sympathique dans un rôle destiné à ne pas l'être, et qui avez joué, le troisième acte surtout, en comédienne de premier ordre; vous, madame Sandre, la vraie *Rose chantante*, jolie comme une figure de Greuze, gracieusement pittoresque comme une paysanne de George Sand. Je vous remercie vous, monsieur Constant, gourmet si fin, homme de si bon monde dans votre mairie de campagne ; vous, monsieur Hoster, *le timide Carpentier*, convive aimable et parfait notaire; vous, monsieur Rasset, si pénétré de votre personnage et tour à tour et à la fois élégant, passionné, énergique! Vous, ami Manuel, si précieux pour ma pièce dans votre rôle si complexe et compris par vous si admirablement ; vous, mon cher Barré, qui vous êtes souvenu si heureusement de votre création dans *Claudie* pour lui opposer la création du bon, simple et honnête *Fructueux*; vous enfin, magnifique Bourguignon, qui buvez si considérablement sans que votre succès de garde champêtre trébuche un seul instant!.. je vous remercie tous; vous avez prouvé une fois de plus que ce n'est pas la hiérarchie des théâtres qui classe les comédiens, mais bien leur talent. Shakespeare a joué dans une auberge, Frédérick-Lemaître a séjourné aux Folies-Dramatiques, et quand il est reparti, le public est resté.

Mes remerciments ne sont pas complets encore; je veux qu'ils aillent trouver le brave Dorlanges dans sa régie, mon collaborateur Oray à son pupitre; et qu'en passant par Lemonnier ils descendent jusqu'au souffleur dans sa petite cave pour remonter jusqu'à Ernest dans son clocher. E. P.

PERSONNAGES.	ACTEURS.
LE BARON DE CHASTEL, 45 à 50 ans, premier rôle	MM. MANUEL.
LEOPOLD DE CHASTEL, 25 ans, jeune premier	RASSET.
FRUCTUEUX GIRAUD, 28 ans, jeune premier comique	BARRÉ.
M. DE VERTBOIS, maire de la commune, utilités	CONSTANT.
Mr CARPENTIER, notaire, grime	HOSTER.
GALOUBET, garde champêtre, 35 ans, comique	BOURGUIGNON.
LA BARONNE DE CHASTEL, 40 ans, premier rôle	Mmes CHAMPENOIS.
ROSE LA CHANVRIÈRE, 17 ans, jeune première chantante	SANDRE.
HORTENSE, ou CATHERINE GODARD, 30 ans, grande coquette	BERGEON.

La scène, au village de Saint-Pierre, en Picardie.

ACTE PREMIER.

Le salon d'une maison de campagne. — A gauche, au deuxième plan, la porte de la salle à manger. Au fond, porte ouverte sur un perron qui descend au jardin. — De chaque côté de cette porte une console. Sur celle de gauche, deux lampes; sur celle de droite, une cave à liqueurs; à droite, deuxième plan, une porte fermée. Sur le devant à droite, une petite table à ouvrage avec une corbeille; un fauteuil; au milieu, un guéridon chargé de porcelaines; à gauche, un canapé.

SCENE PREMIÈRE.

GALOUBET, LOUISE, puis HORTENSE.

GALOUBET, *portant un sabre en bandoulière et un carnier. Au lever du rideau, il est devant la cave à liqueurs qui est ouverte, et il verse un peu de chaque carafe dans une petite bouteille recouverte d'osier.* J'en ai déjà essayé de ce petit mélange-là, c'est exquis! L'eau-de-vie corrige le rhum, le curaçao corrige l'eau-de-vie, l'anisette corrige le curaçao... c'est souverain pour l'estomac.

LOUISE, *qui entrant du fond a vu et entendu la fin de ce qui précède.* Vous êtes de la maison, monsieur?...

GALOUBET, *à part.* Tiens! la dame du Clos-Fleury!..

LOUISE. A ce que je vois, monsieur, vous êtes de la maison?

GALOUBET. Moi, madame, je suis le garde champêtre de la commune, Jean Galoubet, surnommé le galant Galoubet... Eh! mon Dieu, oui! mais je viens ici, de temps en temps, en ami, donner un coup de main.

LOUISE. Pouvez-vous me faire parler à monsieur le baron de Chastel?

GALOUBET. Ah! madame, ce n'est point chose possible!...

LOUISE. Pourquoi donc, s'il vous plaît? Monsieur de Chastel n'est en ce moment ni malade ni occupé, puisque par une fenêtre qui donne sur le petit sentier, je viens de le voir se mettre à table.

GALOUBET. Eh! mon Dieu, oui, madame; mais...

LOUISE. Alors, ne puis-je attendre ici?

GALOUBET. Eh! mon Dieu, non, madame, car...

LOUISE. Veuillez, je vous prie, dire à M. de Chastel que quelqu'un désire le voir après son dîner. Allez!...

HORTENSE, *paraissant à gauche.* Et... quel nom faudra-t-il dire à monsieur le baron, madame?

GALOUBET. Madame la baronne, c'est la dame qui est venue habiter, il y a un mois, la maisonnette du Clos-Fleury. que votre neveu Giraud lui a louée; c'est madame Dupont.

LOUISE, *interrompant, à Hortense et d'une voix pénétrante.* C'est vous, madame, qui êtes la baronne de Chastel?...

HORTENSE. Oui, madame. Puis-je savoir quelle est la personne qui désire parler à mon mari?

LOUISE, *à part.* Son mari!... (*Après un long regard.*) Je renonce pour l'instant, madame, à voir monsieur de Chastel.. et je vous salue. (*Elle sort par le fond.*)

SCÈNE II.

HORTENSE, GALOUBET.

HORTENSE. Comment se fait-il que tu aies laissé cette femme arriver jusqu'ici?

GALOUBET. C'est que... une fois par hasard, voyez-vous, Catherine...

HORTENSE. Encore Catherine! ne t'ai-je pas défendu de m'appeler autrement que madame la baronne, ou Hortense, quand nous sommes seuls!

GALOUBET. Dame! c'est un effet du cousinage, voyez-vous; je suis votre cousin, moi, Catherine Godard!...

HORTENSE. Est-ce aussi à cause de ton cousinage que tu te grises si souvent, et que tu fais si bonne garde, que là, sans moi, cette femme...

GALOUBET, *s'animant peu à peu.* Hortense! l'humanité est faible! l'homme fait partie de l'humanité; l'humanité a des chagrins, moi aussi. J'ai votre cousin Giraud sur l'estomac, moi! Vous l'aimez mieux que moi, lui, un ex-gardeur de vaches! Vous en avez fait presque un monsieur, tandis que moi, vous me réduisez à l'état de chien de garde du château. moi, un ex-maître d'école! et vous voulez que j'affiche une grande gaîté, et vous ne voulez pas que j'oublie dans une ivresse passagère mon malheureux destin! Ah! baronne, Hortense, cousine!...

HORTENSE. En voilà assez! va te promener autour du château.

FRUCTUEUX, *entrant de gauche.* Oui, Galoubet, va te promener.

GALOUBET. Autour du château, gardeur de vaches élégant! (*A Hortense.*) Est-il laid depuis qu'il est élégant! (*Il disparaît par le fond.*)

SCÈNE III.

HORTENSE, FRUCTUEUX. (*Costume excentrique, moitié dandy et moitié paysan.*)

FRUCTUEUX. Ce garde champêtre bel esprit n'a pas un liard de respect pour moi.

HORTENSE. Il faut en rire de pitié, ou bien lui laver la tête.

FRUCTUEUX. Oh! j'en ris de pitié!... Ma cousine, vos convives et le baron, turlupinés de votre absence m'envoient à vous, pour...

HORTENSE. C'est bien. J'y vais... Dis-moi, Fructueux? où en sont tes amours avec la petite Rose?

FRUCTUEUX. Encore... mes... mes amours. Credié... (*Il prend la corbeille sur la table à ouvrage, et la tourne et la retourne en parlant.*)

HORTENSE. Allons! finis! tu vas encore casser quelque chose. (*L'amenant près du guéridon et lui montrant une chaise.*) Assieds-toi là, et réponds-moi. Tu sais bien que je me suis mis dans l'esprit de te marier avec la chanvrière, que j'ai laissé devenir la protégée du baron, pour n'avoir pas l'air de tout lui refuser à ce pauvre homme! Mais elle, elle est bien sûre de n'épouser que l'homme qu'elle voudra! Eh bien, commence-t-elle à t'aimer un peu?..

FRUCTUEUX, *qui, pendant ces mots a détourné la tête et s'est emparé d'une tasse sur le guéridon.* Mais, ma cousine...

HORTENSE, *lui ôtant la tasse des mains.* Laisse donc ces tasses! parle les bras croisés!

FRUCTUEUX, *croisant ses bras.* Mais, ma cousine, Galoubet lui fait la cour dru comme grêle, à la future rosière, et...

HORTENSE. Elle m'a confessé ne pas pouvoir le souffrir! sans ça, est-ce que j'aurais encouragé Galoubet? Mais quant à toi...

FRUCTUEUX. Quant à moi, j'aime autant qu'elle ne m'aime pas, parce que si elle m'aimait j'en ferais une malheureuse.

HORTENSE. Et comment?

FRUCTUEUX, *reprenant la tasse.* Vu que, moi en aimant une autre, je ne l'aimerais pas, elle qui m'aimerait!... J'en ferais une malheureuse!

HORTENSE. Quelle autre aimes-tu donc?

FRUCTUEUX. Quelle autre! mais, mais, mais, vous! femme sans pitié!

HORTENSE. Encore!

FRUCTUEUX. Toujours! soir et matin, semaine et dimanche, été comme hiver, c'est vous qu' j'aime d'un amour à ne plus manger du tout!... C'est plus fort que moi, que vous, que tout... J'en mourrai!... (*Il brise entre ses mains la tasse qu'il a reprise.*)

HORTENSE. Là! je savais bien que tu briserais quelque chose.

FRUCTUEUX, *pleurant.* Et mon cœur, donc! mon cœur! il est en bien plus petits morceaux. (*Il va pour reprendre une autre tasse.*)

HORTENSE, *le prenant par la main.* Ote-toi de là, et viens finir de dîner.

FRUCTUEUX, *se dégageant.* Je n'ai plus faim, et je veux m'expliquer contre vous... Le baron vous attend, ça m'est égal! Vous l'avez habitué à bien autre chose, ce vieux homme, malgré ses colères!

HORTENSE. Fructueux!

FRUCTUEUX. Fructueux tant que vous voudrez! Si vous ne m'écoutez pas ici, je vous manifeste mon amour à table, devant le baron, le maire, le notaire et les flandrins qui vous servent! Je *suis* un homme révolté!

HORTENSE. Mais que pouvez-vous donc avoir à me dire?

FRUCTUEUX. Ah! vous me privez de votre tutoiement! soit, ça sera mon tour. Écoute, Catherine, il y a dix ans... (*A ces mots Hortense fait un mouvement, puis prend une chaise près de la table à ouvrage; Fructueux s'assied à ses pieds sur un tabouret en reprenant.*) Il y a dix ans, t'étais bi n la plus belle fille d'ici, fraîche, aimable et fine comme un avocat! Tu coiffais ta patronne sainte Catherine, tout volontairement. J'avais dix-huit ans, moi, et trois vaches à garder, dont la plus jeune c'était Catheau, une belle laitière toute blanche! Je t'aimais!... je te le disais, tu me laissais dire et, nous riions tous les deux! Tiens, vois-tu, je ne serai pus jamais heureux comme ça! Voilà qu'un jour tu me dis que tu veux t'entrer en condition, partir pour Paris. Crédié, c'jour-là 'était la fête de notre commune; mais j'y étais comme à un enterrement, l'enterrement de mon cœur... (*Court silence.*)

HORTENSE, *presque émue.* Pauvre garçon!

FRUCTUEUX. Tu es partie... Catherine. Depuis, on a été huit ans sans recevoir de tes nouvelles. Voirement, on t'avait oubliée... hors moi qui parlais de toi avec Catheau, mais on l'a vendue. Je suis donc resté seul au grand air, avec ta figure dans le fin fond de moi-même, et t'aimant encore plus, je crois, de loin que d'près... Crédié! y a pas de remède, vois-tu!

HORTENSE, *se levant tout à coup comme pour s'arracher à sa rêverie* Fructueux, mon ami, tu oublies que le baron m'attend.

FRUCTUEUX. Bah! quand le baron est à table avec son ami gourmand, monsieur le maire, il n'attend plus personne, et il ne pense plus à rien, c't'homme! Vous le savez bien! Et puis, (*tirant sa montre pour regarder l'heure*) il n est pas tard!... (*Au lieu de replacer sa montre, il la garde dans sa main et ne cesse de jouer avec elle dans la suite de la scène.*)

HORTENSE. Enfin?...

FRUCTUEUX. Enfin, un beau jour d'il y a deux ans, voilà que vous r'voilà dans ce village, avec un baron dont vous êtes beronne, flambante, musquée, plus grossière du tout! et parlant mieux à vous seule que tout le conseil municipal. Vous achetez ce petit château et vous y recevez les autorités; vous m'embrassez la première comme par un bon r'venez-y du temps de nos vaches; vous achetez, pour me la donner, la maisonnette du Clos-Fleury; vous m'habillez comme un préfet, vous me faites pincer la bouche en parlant qu'j'en ai la langue malade!... Au lieu d'ma pipe!... vous me faites fumer du cigare...

HORTENSE. Tu vas casser ta montre!

FRUCTUEUX. Les habits, les leçons, les étiquettes, ça n'est pas fait pour moi, c'est trop grand pour ma taille ou trop petit! A moi, il me fallait mes vaches, mes prairies, et vous! Le bon Dieu m'avait pris mesure pour ça!

HORTENSE. Tu vas casser ta montre!

FRUCTUEUX. Et par ainsi, pour moi, plus de Catherine ni de Catheau! des salons où j'étouffe! où j'ai envie de pleurer, et adieu le grand air qui sèche les larmes!... C'est de la férocité, je vous dis! et ça me donne des rages! à vous étrangler! (*Il brise sa montre.*)

HORTENSE. Là! il a encore cassé sa montre! Ça en fait quatre!

FRUCTUEUX, *sans l'écouter.* Prenez le cousin Galoubet, instruisez Galoubet, favorisez Galoubet, faites-en un porte-manteau pour tout ça (*il montre ses habits*), et un mari pour la Rose; donnez-lui une montre si vous voulez, mais au nom du bon Dieu tout puissant, aimez-moi, Catherine, aimez-moi!...

HORTENSE. Mais, malheureux, tu veux donc me faire manquer à mes devoirs envers le baron!

FRUCTUEUX. Ta! ta! ta! ta! L'amour y voit sans lunettes, nous nous doutons peut-être bien de ce qui en est!

HORTENSE, *un peu troublée.* Hein?

FRUCTUEUX. Suffit! aimez-moi d'abord et je trouverai de l'esprit pour arranger le reste. Sinon, et si vous voulez toujours me faire épouser la mignote...

HORTENSE. Que feras-tu?

FRUCTUEUX. Je lâche mes beaux habits dans un coin, je vous rends la clef de ma maison et j'm'en vas garder les vaches dans un autre pays!

HORTENSE, *à part.* Et la petite bien dotée épouserait quelqu'un que je ne mènerais pas!... non! non!

FRUCTUEUX. Répondez donc, mauvaise?

HORTENSE. Eh bien, écoute, Fructueux, je veux bien t'aimer...

FRUCTUEUX. Avec amour?

HORTENSE. Peut-être; mais, attention! il ne faut pas te jeter en travers de mes idées, même quand tu ne les comprendrais pas, et il faut me prouver que tu peux charmer une femme.

FRUCTUEUX. Et quelle preuve...

HORTENSE. Il faut séduire la *Chante-toujours.*

FRUCTUEUX. Je l'abomine et elle m' haït!

HORTENSE. Je ne te demande que de lui parler d'amour... Tiens, comme tu m'en parles quelquefois...

FRUCTUEUX. Mais justement, c'est parce que...

HORTENSE. Figure-toi que tu me parles à moi; je te dis que ça aura pour toi le même effet!... Vois-moi à travers la chanvrière, sois absolument avec elle et sans retard, comme tu serais avec moi...

FRUCTUEUX. Et vous m'aimerez?...

HORTENSE, *entrant à gauche.* Tu le verras!...

SCÈNE IV.

FRUCTUEUX, *puis* LÉOPOLD, *puis* ROSE.

FRUCTUEUX. Avec quel air elle m'a dit ça!... Elle avait comme un feu de joie dans l'œil; oui, mais les feux de joie ça ne dure guère! C'est égal, elle a eu tort de me regarder tellement... parce que... crédié! crédié! Y a pas de vétérinaire qui me guérira jamais de ça!... Pour lors, chanvrière, ma mignote, tiens bien ton cœur à deux mains, j'vas l'écarbouiller... tu vas voir!

LÉOPOLD, *entrant par le fond.* Je suis ici chez monsieur le baron de Chastel?

FRUCTUEUX. Oui, monsieur, mais... (*A part.*) Il a plutôt l'air d'être chez lui!...

LÉOPOLD. Mais?... quoi donc, mon ami?

FRUCTUEUX, *à part.* Comment Galoubet l'a-t-il laissé arriver jusqu'ici?

LÉOPOLD. Eh bien, ne voulez-vous pas m'annoncer?

FRUCTUEUX, *sans l'écouter, à part.* A-t-il l'air d'être à son aise dans ses habits, celui-là!...

LÉOPOLD. Faut-il que je vous traite comme cet insolent garde champêtre qui là, tout à l'heure, voulait me barrer le passage?...

FRUCTUEUX. Galoubet?

LÉOPOLD. Hein?

FRUCTUEUX. Le garde champêtre Galoubet!

LÉOPOLD. Galoubet, soit! je n'y vois point d'obstacles; sachez que j'ai pris Galoubet d'une main par le cou, de celle-ci, et que de l'autre...

FRUCTUEUX, *riant.* Ah! ah! ah! c'est joliment bien, ça!

LÉOPOLD. N'est-ce pas! Eh bien, attendez, je vais vous expliquer ça sur nature... *in anima*..

FRUCTUEUX. Pas d'injures, monsieur! (*Il recule en voyant Léopold s'avancer sur lui.*)

LÉOPOLD. Eh bien! voulez-vous prévenir votre maî re que...

FRUCTUEUX. Mon maître! Vous croyez donc parler t'à un domestique!...

LÉOPOLD. Seriez vous un seigneur des environs, et aurais je...

ROSE, *chantant au dehors.*
AIR : *De la chanson du petit mousse.* (F. David.)
PREMIER COUPLET.
Petits moineaux avides,
Gentils voleurs de grain,
Qui dans la chènevière
Vous donnez des festins ;
Laissez le chanvre,
Quand son grain devient grand,
Le chanvre apporte
Du pain aux pauvres gens!...

LÉOPOLD. Tiens! qui est-ce qui chante ainsi?

FRUCTUEUX. C'est Rose, Rose aux grands yeux, la Chante-Toujours, la mignote, la chanvrière, celle qui va-t-être rosière à la fête de l'endroit.

LÉOPOLD. Rosière! Il y a donc encore des rosiè es?...

FRUCTUEUX. Y en avait p'us, faute de... y en avoir!... C'est monsieur le maire qui a réveillé çà. Not' maire d'ici est un ancien monsieur qui s'ennuyoit dans sa mairie ; il s'est ingéré de couronner des rosières ; c'est l'occasion d'un grand dîner, et il aime ça!... Et puis, on ne leur demande plus tant d'efforts à ces pauvres mignotes... Pourvu qu'elles soient sages et gentilles et qu'elles n'aient qu'un amoureux, un futur, crac! les voilà rosières... Mais nous bavardons là comme des grenouilles avant la pluie, et ma cousine...

LÉOPOLD. Ah! oui-dà!... cette Rose-là a une voix d'une douceur...

FRUCTUEUX. Eh bien! quequ'ça vous fait sa voix ?

LÉOPOLD. Ça me fait infiniment de plaisir !

FRUCTUEUX. Mais c'est pas moins une ch'titue créyature que cette Rose, une sans cœur, une folâtre, une ortie, une être répugnante... (*Rose paraît, très-jolie et très-fraîche, dans un costume pauvre et pittoresque, son corsage de grosse toile lui laisse le cou et une épau'e à l'air.*)

FRUCTUEUX. La voilà! (*A part.*) Bon! j'oublie ce que j'ai promis! (*A Léopold.*) Je l'adore! C'est ma future femme !...

LÉOPOLD. Hein ?*

ROSE, *s'avançant sans les voir jusque sur le devant de la scène et reprenant.*

II.
Votre plume si douce
Vous fait pour tous les jours
Un habit des dimanches
Et vous chantez toujours !
Laissez le chanvre !...

* Léopold, Rose, Fructueux.

Quand sa feuille grandit,
Le chanvre donne
Aux pauvres des hab ts.

LÉOPOLD. La singulière fille!...

ROSE, *se retournant.* Salut, monsieur!... (*A part.*) Ah! mon Dieu! c'est c' gentil monsieur qui dormait hier sous les noyers !

LÉOPOLD. Salut, petite Rose! Bonjour, la bien nommée! (*A lui-même.*) Une vraie rose sauvage! Mais rien ne doit me faire oublier ce qui m'amène ici! (*A Fructueux.*) Vous ne voulez donc pas m'annoncer à monsieur de Chastel?...

FRUCTUEUX, *prenant avec colère une pelote de coton dans la corbeille à ouvrage.* Monsieur, je ne suis pas-t'-un domestique... C'est moi qu'on appelle Fructueux Giraud, et je vous ai dit que M. le baron ne recevait personne.

LÉOPOLD, *avec colère.* Encore !... (*Se calmant et tirant une carte de son portefeuille.*) Tenez, veuillez seulement avoir l'obligeance de faire passer mon nom à monsieur de Chastel. Je crois qu'il me recevra.

ROSE, *avançant entre Léopold et Fructueux, et prenant la carte de l'un et la pelote avec laquelle joue l'autre ; à Léopold.* Pardonnez-moi, monsieur!(*Bas à Fructueux.*) Fructueux, quittez-nous là ! J'empêcherai bien c' mal venu d'aller plus loin! (*Bas à Léopold.*) Laissez-moi faire!

FRUCTUEUX. Je vous obéis, mignote! (*Bas.*) Car je vous aime bigrement moi. (*Haut.*) Mais répétez bien à monsieur que je ne suis pas t'un domestique... (*Avant de rentrer à gauche et montrant Rose.*) Crédié ! peut-on trouver ça gracieux !...

SCÈNE V.
LÉOPOLD, ROSE.

ROSE. T'nez, Monsieur, v'là vot' nom que j'vous rends. Je n'veux point le r'garder, mais vous dire seulement la chose qu'est possible.

LÉOPOLD, *sans reprendre sa carte.* Parlez, charmante enfant! Votre voix a je ne sais quoi qui me fait tressaillir ; c'est comme un sourire qui chante. Et puis, en vérité, je n'ai jamais vu un visage aussi joli que le vôtre !

ROSE. Dites donc point ça, monsieur ! C'est gênant pour moi, et ça m'coupe la parole... C'est comme si je vous disais que j' n'ai jamais vu un si gentil monsieur que vous ! On ne sait quoi répondre à des mots pareils !*

LÉOPOLD, *dont les regards tombent sur la jupe rayée de Rose.* Mais je ne me trompe pas ! Je reconnais cette robe-là! ces raies là!...

ROSE. Vous moquez-vous, monsieur !...

LÉOPOLD. Hier, vers midi, j'arrivais à pied dans ce pays par un chaud soleil ; je m'étais endormi de fatigue sous un noyer ; je fus éveillé par des marguerites qu'on jetait sur

* Rose, Léopold.

mon visage, sans doute parce que l'ombre des noyers est, dit-on, mauvaise à midi !...

ROSE, *un peu embarrassée.* Mais c'est point moi !...

LÉOPOLD. Je n'ai pas vu votre visage en m'éveillant, vous vous sauviez !... Mais j'ai vu courir cette robe-là, sur cette taille-là, entre les arbres, et mes yeux vous reconnaissent bien... si ce n'est mon cœur.

ROSE. Allons, taisez-vous, monsieur, et n'soyez point si rieur. Ça n'est point joli d'mettre comme ça son cœur en dehors pour un brin d'fille qui passe. On finit par n'pus en avoir en d'dans, voyez-vous !...

LÉOPOLD. Pourtant...

ROSE. Assez !... (*A voix basse et comme avec peur d'être entendue.*) J'voulais donc vous dire qu' tant plus vous croiriez qu' votre nom vous f'rait approcher d'monsieur le baron, tant p'us ça s' pourrait qu' votre nom vous en éloign'rait ! Et pour lors, si vous t'nez ferme à voir monsieur d'Chastel, faut vous précautionner.

LÉOPOLD. Comment ?...

ROSE. Mais oui, monsieur... (*S'arrêtant.*) Surtout, n'allez jamais laisser voir que j' vous ai dit tout ça ; ça s'rait mon malheur et p't-êt' l' malheur d'monsieur le baron, et p't-êt' ben encore... parc' que voyez-vous, ici... je n'peux point tout vous dire, mais enfin, ici, c'est madame la baronne qui fait, voit, arrange tout... mais, b... tout !

LÉOPOLD. La baronne est ici !...

ROSE. Ah ! j' crois bien !... vous la connaissez ?

LÉOPOLD, *avec explosion.* Ma mère !...

ROSE, *très-étonnée.* Vot' mère... mais non, monsieur ! ça n' s' peut point...

LÉOPOLD. Comment !

ROSE. La baronne est native d' Saint-Pierre d' c't' commune-ci, et y a que dix ans qu'elle l'a quittée pour aller à Paris où elle s'est mariée.... (*Regardant la carte.*) Mais vous, vous seriez donc ?...

LÉOPOLD. Oh ! je suis un fils bien coupable, bien ingrat, un mauvais sujet qui a fui la maison paternelle et qui depuis longtemps a démérité d'embrasser son père.

ROSE. Monsieur de Chastel ?

LÉOPOLD. Monsieur de Chastel... oui ! Ah ! çà, je suis bien chez lui, n'est-ce pas ?...

ROSE. Oui, monsieur.

LÉOPOLD. Mais que me dites-vous donc, mon enfant ? car je ne puis comprendre...

ROSE, *lui montrant la porte de gauche.* T'nez, r'gardez là... là ! là ! au milieu d'la table. Mais prenez bien garde qu'on vous voie !

LÉOPOLD, *regardant.* Mon père ! oh ! mon Dieu ! comme il est changé !... (*Il fait un pas.*)

ROSE, *l'arrêtant.* Prenez donc garde ! (*A part.*) Il m' fait trembler le cœur !

LÉOPOLD. Et... et qui donc est cette dame qui est là ?...

ROSE. C'est madame la baronne.

LÉOPOLD. Elle ! elle ! mais alors... mais si cette femme est là. (*Avec un cri.*) Ah ! ma mère ! ma mère est morte !... j'ai perdu ma mère !... (*Il tombe sur le canapé en proie à une vive douleur.*)

ROSE. Pauv' jeune homme ! comme il souffre !... (*Allant à lui et lui prenant les mains.*) Monsieur, monsieur, écoutez-moi !...

LÉOPOLD. Ma mère ! je ne la verrai plus !...

ROSE. Écoutez-moi ! j'ai ben des raisons à vous dire... mais point ici ! (*A part.*) Si on entrait !...

LÉOPOLD, *se relevant.* Je veux voir mon père, lui demander pardon, pleurer avec lui !... je veux aussi savoir...

ROSE, *se plaçant devant lui.* Arrêtez, monsieur, j' vous en prie, arrêtez !...

LÉOPOLD. Je veux voir mon père, vous dis-je !

ROSE. Vous l' verrez, monsieur, bientôt, tout à l'heure, peut-êt', mais ne l' surprenez point... j' vous en prie, au nom même d' vot' père !

LÉOPOLD. Que voulez-vous dire ?

ROSE. Vous n' savez donc rien de rien ! Vous ignorez donc la maladie affreuse' d'monsieur l' baron ?...

LÉOPOLD. Quoi donc, encore, mon Dieu ! Et quelle maladie ?

ROSE. Eh ben, toutes fois qu' monsieur l' baron se laisse aller à un accès de colère, à quéqu' émotion vive, comment donc vous dire ça !... Eh ben ! alors...

SCÈNE VI.

LES MÊMES, GALOUBET, *aperçu d'abord par Rose, qui s'arrête et s'éloigne de Léopold.*

LÉOPOLD. Alors...

ROSE, *changeant de ton.* Alors, monsieur, faut vous sauver bien vitement, oui-dà !... (*A Galoubet.*) Ah ! pour c' visiteur-là, on en a d' la peine à lui faire entend' raison !...

LÉOPOLD, *à lui-même.* Que de douleurs en un moment, mon Dieu !...

GALOUBET, *qui se tient loin de Léopold avec des airs de crainte, en s'approchant de la porte de gauche.* Monsieur insiste encore... alors je vais prévenir madame la baronne...

ROSE, *se rapprochant de Léopold.* Comprenez donc, monsieur. (*A voix basse.*) Partez ! A droite en sortant y a la porte d'une bibliothèque qui ouvre aussi dans c' salon. Entrez-y ; bentôt vous embrasserez vot' père, allez !...

Rose, Léopold,

LÉOPOLD, *d'un ton attendri et voulant prendre à Rose une main qu'elle retire.* J'obés!... (*Il sort par le fond.*)

SCÈNE VII.
ROSE, GALOUBET.

GALOUBET. Palsembleu! voilà un indiscret citadin à qui je vais faire volontiers la conduite...

ROSE, *l'arrêtant.* Dit'-moi donc, mon cher Galoubet?

GALOUBET, *s'arrêtant.* Serait-il bien possible que je fusse devenu votre Galoubet, chanvrière de mon âme? et votre cœur ouvrirait-il l'oreille aux soupirs de mon cœur?.. (*Rose le laisse sur le devant de la scène et va regarder au fond sur le perron.*)

GALOUBET, *buvant à la dérobée une gorgée à sa bouteille.* Prenons un peu d'aplomb!...

ROSE, *au fond.* Ah! le v'là parti, c' monsieur!... (*Elle redescend la scène. A ce moment un domestique vient de la gauche prendre les lampes et les emporte.*)*

GALOUBET. Parlez, je vous en conjure, mignote, parlez! je croirai entendre le rossignol du vert bocage!...

ROSE. Vous m'aimez, mon cher Galoubet?

GALOUBET. Non! je vous idolâtre!...

ROSE. A cause d' quoi, pour lors, dit-on, dans le pays, qu' vous vous êtes affolé bellement de madame la baronne?

GALOUBET, *avec solennité.* Chanvrière, comprenez-moi! j'ai été maître d'école...

ROSE. Ah! si vous r'prenez vos explications d' si loin, nous faudra du temps!... et v'là la nuit qui tombe! d'ailleurs on s' lève d' table pour venir ici prendre l' café...**

GALOUBET, *toujours solennel.* Sort fatal!..

ROSE. Allez m'attendre dans l' potager : j' vous y rejoins dans un moment et vous vous justifierez, si ça s' peut!...

GALOUBET. Tenez! vos paroles me donnent des éblouissements... Eh! mon Dieu, oui!

ROSE. Allons, marchez-vous?

GALOUBET. Non! je ne marche pas! je vole sur les ailes du fils de Vénus... (*Il va au fond et s'arrête sur le perron pour boire une nouvelle gorgée.*) Donnons-nous l'aplomb nécessaire!

ROSE, *le rappelant.* Ah! Galoubet!...

GALOUBET, *revenant.* Vous faut-il ma vie?

ROSE. Si vous rencontriez par là c't' imbécile d' Fructueux, qui n'y s'rait qu' pour me guetter, vous qu'avez été maît' d'école, donnez-lui un' leçon!

GALOUBET. Non! je lui en donnerai deux... (*Il disparaît.*)

* Gaboubet, Rose.
** Rose, Gaboubet.

SCÈNE VIII.

ROSE, LE BARON *appuyé sur le bras d'*HORTENSE, FRUCTUEUX, CARPENTIER, VERTBOIS. (*Un domestique les précède en portant une lampe allumée qu'il pose sur le guéridon. Un autre domestique suit, portant le café.*)

LE BARON, *bas à Hortense et comme en continuant une phrase commencée.* Ce n'est pour cela, je pense, que vous me mettrez dans une de ces colères qui me sont si fatales!... Encore une fois, je me fais vieux; je ne suis pas toujours aimable, je n'ai pas d'autre moyen de récompenser votre dévoûment... et je vous dis que vous accepterez cette donation!

HORTENSE. Mais, mon ami...

LE BARON. Hortense, je le veux! (*Apercevant Rose au moment où Hortense lui quitte le bras pour aller servir le café.*) Ah! voilà ma petite Rose!*

ROSE. Bonsoir, monsieur le baron. Ça a-t-y été suivant vos d'sirs aujourd'hui, la santé?

LE BARON. Mais oui, mignote, à peu près, merci.

ROSE. Bonsoir, madame la baronne et la compagnie qu' vous avez!...

HORTENSE. Merci, Rose! On ne t'a pas vue aujourd'hui?..

ROSE. Ah! ben, voyez-vous, c'est qu'quand il fait un beau cher temps comme d'puis quéques jours ça fait chanter les oiseaux, ça les rend plus gourmands et plus voleurs d' chènevis, et faut que j' soye là dès le réveil des alouettes.

VERTBOIS. En vérité! voilà un des meilleurs dîners que j'aie faits de ma vie! et j'en ai fait quelques-uns d'assez bons!

HORTENSE, *le regardant, à part.* Ah! celui-là, je le tiens par la bouche, et je le tiens bien!

VERTBOIS. Tout était d'une fraîcheur, d'un à point... n'est-ce pas, Carpentier?

CARPENTIER. Moi, monsieur le maire, je... Il me semble, si j'ose m'exprimer ainsi, que... mais je vais peut-être trop loin, et je vous prie de...

LE BARON, *à Vertbois.* La timidité du tabellion est incurable! La vérité est que ma chère Hortense nous fait toujours dîner comme quand Lucullus dînait chez Lucullus.

VERTBOIS, *avec une pointe d'ironie.* On voit que madame la baronne a appris au faubourg Saint-Germain l'art de recevoir ses convives... (*Allant près d'Hortense.*) De moins en moins Catherine, de plus en plus baronne! bravo!

CARPENTIER. Auprès de madame la baronne, pour ainsi dire, on... on... on... non

* Carpentier, Hortense, Fructueux, le Baron, Rose, Vertbois.

que je veuille cependant... mais mon sujet m'emporte et je... je... je...

FRUCTUEUX. Crédié ! sont-ils flagorneurs ces vieux finots-là ! l'un amoureux de ma cousine, l'autre amoureux de sa cuisine ! (*Carpentier est allé s'asseoir sur la causeuse.*)

HORTENSE, *bas, en lui offrant du café.* Le baron tient à la donation et ne parle plus de testament.

CARPENTIER. Tant mieux pour vous, chère madame; croyez-en un notaire qui oserait vous dire qu'il vous aime si...

HORTENSE. Taisez-vous donc, monsieur Carpentier, vous n'y pensez pas ! un homme marié !...

CARPENTIER. Oui, marié, oui .. un peu !... mais voilà si longtemps !... Et, si je puis m'exprimer ainsi, une donation est préférable à un testament, qu'un autre testament peut toujours...

HORTENSE, *toujours à demi-voix, tandis que Rose à son insu s'approche d'elle et l'entend.* Il veut que cela soit fait et signé dès demain ; je désirerais donc vous parler des termes de l'acte, ce soir même... mais je ne veux pas qu'on nous voie causer ensemble. Tout à l'heure je vous ferai prévenir par Rose ou par Fructueux. (*Ils se séparent. Pendant ces mots, le Baron causait avec Verbois auprès du guéridon où ils se sont assis. Hortense revient vers eux pour leur servir le café. En ce moment on entend plusieurs voix chanter au dehors.*)

Air de la Closerie des Genêts.

A plein cœur, à tu' tête
Chantons, mes amis,
Le patron de la fête
L'ami du pays!
C'est la fête à Saint Pierre
Chantez donc lon lan la !
Château, ferme et chaumière,
Lon, lan, la !
Pour ce jour-là
Saint Pierre
Chez nous passera !

LE BARON. Qu'est-ce que cela ?

ROSE. C'est des jeunes gens du village, monsieur le baron, qui se promènent comme ça en chantant la fête dont c'est d'main le premier jour. C'est un usage du pays ! Oh ! nos paysans sont très-chanteurs ! Pas un jour de repos qui les trouve sans cantique ou sans chanson, et c'est ça qui toute jeunette m'a fait chanter moi-même plus vite et plus fort que les enfants de la ville.

LE BARON. Ah! ah! c'est demain que commence la fête qui verra couronner ma petite Rose. Veux-tu du café, dis, mes grands yeux ?...

ROSE. Bien d' l'honneur, monsieur le baron ! c'est un peu amer ! mais j'en boirai bon tout d' même comme plein un dé !

LE BARON, *lui versant lui-même.* Tiens, friande.

ROSE, *prenant la tasse et à demi-voix.* J'aurais volontiers des choses à vous dire, si vous vouliez comme quéquefois faire un tour d' jardin appuyé sur mon bras ?...

LE BARON. Oui, mignote, mais plus tard.

HORTENSE, *qui a quitté le baron pour offrir une tasse à Fructueux.* Tâche donc de te rendre un peu aimable, Fructueux, et fais ta cour à la Rose.

FRUCTUEUX, *d'un ton courroucé.* Crédié ! c'est vous qui l'êtes, aimable ! et trop bigrement encore... (*Il se rapproche du Baron, et, après quelque hésitation, va parler: en cherchant ses mots, il joue avec sa cuillère à café trempant dans sa tasse.*) Figurez-vous un peu, monsieur le baron... (*En parlant, il fait sauter sur le Baron sa cuillère pleine de café.*)

LE BARON, *se levant furieux.* Allons, bon ! me voilà couvert de café ! Ce Fructueux invente tous les jours de nouvelles maladresse !...

ROSE, *essuyant l'habit du Baron.* Il n'l'a point fait méchamment, monsieur le baron...

HORTENSE. Allons, mon cher Georges, ne vous emportez pas; rappelez-vous les conséquences de vos colères. (*A Fructueux.*) Imbécile !... (*Le Baron va s'asseoir à l'autre table. Rose veut y transporter la lampe, fructueux la devance: mais en posant la lampe sur la table de gauche, il touche un bouton, éteint la lumière. La nuit se fait.*)

LE BARON. Bien ! bien ! bravo ! Ah ! il se forme, Hortense, votre parent ! Sonne donc ! il y a une autre lampe, peut-être !

HORTENSE. Vous savez bien qu'il l'a jetée par terre tout à l'heure. (*Bas, à Fructueux.*) Va-t'en ! (*Elle va sonner ; Fructueux reste immobile et comme anéanti.*)

LE BARON. Messieurs, je vous demande mille pardons...

VERBOIS. Comment donc, monsieur le baron !... ce jeune homme est un original... (*A Hortense.*) Dans les grandes familles il y a toujours quelque original !... (*A part.*) Celui-ci en est un de haute futaie.

ROSE, *profitant de l'obscurité pour s'approcher de Carpentier, et lui parlant à voix basse.*) Dans un quart d'heure, madame la baronne vous attendra au jardin, dans l'allée des tuyoles... (*Un Domestique apporte des flambeaux et range le guéridon dans un coin.*)

HORTENSE, *revenant à Fructueux.* Occupe-toi de Rose et fais-lui ta cour.

FRUCTUEUX. Crédié ! je suis joliment mal à mon aise, allez !... (*Fructueux se rap-*

proche de Rose qui est restée près de Carpentier.) Rose ! belle chante toujours !... c'est pourtant l'amour que j'ai pour vous qui me fait faire des coups pareils !... (*A part.*) Voilà qui est fort !...

ROSE, *regardant de côté Hortense.* Oui, oui, je l'connais vot' amour !

FRUCTUEUX. Eh bien, si vous le connaissez...

ROSE, *plus bas.* Allez m'attendre dans l'potager, j'vous y rejoins ; si vous rencontrez Galoubet, qui me guette toujours, dénichez-le de là bravement !... (*En écoutant Rose et regardant Hortense à la dérobée, Fructueux, placé derrière Carpentier qui savoure son café, a machinalement enroulé autour de son doigt une boucle des cheveux de la perruque du notaire. Comme il fait le geste de joindre les mains pour remercier Rose, il enlève la perruque attachée à sa main.*)

CARPENTIER. Ah ! mon Dieu ! mon Dieu ! qui est-ce qui... Ne m'en veuillez pas si... Mais, mais, mais...

LE BARON. Qu'est-ce encore ? Ah ! bien !...

VERTBOIS, *riant.* Charmant ! charmant ! ah ! ravissant ! (*A part.*) Il est d'un drôle à faire dresser les cheveux !

HORTENSE, *furieuse, à Fructueux.* Va-t'en ! (*Fructueux rend la perruque et va tomber assis une chaise au fond du salon.*)

LE BARON. Attachez votre cousin, Hortense, ou mettez-le à l'école ; je l'exige ! Il me fera étouffer de colère.

HORTENSE. Mon ami !

LE BARON. Faisons-nous un piquet, maître Carpentier ? Vous me battrez, ça vous consolera.

CARPENTIER. Grand merci, monsieur le baron ; mais je craindrais de retarder encore ma digestion qui vient d'être troublée, c'est-à-dire, et... si... je préférerais prendre un peu l'air. (*Il regarde Hortense.*)

HORTENSE. Notre cher notaire a raison. Que Rose nous dise plutôt une de ses chansons.

VERTBOIS, *passant la main sous le menton de Rose.* Elle a une voix délicieuse !...

ROSE, *s'échappant.* C'est une voix assez clairette, monsieur le maire, v'là tout... Ça vient de c'que je n'mange point trop follement !...

LE BARON. Allons, soit ! Rose, nous t'écoutons, ma mignote !

ROSE, *qui a regardé plusieurs fois à la dérobée la porte de la bibliothèque.* C'est baptisé comme ça : « La chanson de l'Enfant prodigue. »

HORTENSE, *après un mouvement presque imperceptible.* Ah !... n'as-tu pas une autre chanson, petite ?

ROSE, *s'approchant d'elle, et bas.* L'notaire va vous attendre à l'allée des tuyoles, à cause du testament.

HORTENSE. Chut !...

ROSE, *chantant.*
AIR : *De la mère indienne.* (F. David.)
Loin du pays prospère
Où le nourrit sa mère,
On vit s'enfuir l'enfant
Vers un monde méchant,
Loin du champ
De son père !

Pendant ce couplet Carpentier s'est levé et gagnant à petits pas la porte du fond, il est sorti en se dirigeant à droite ; un instant après, Fructueux se levant, est sorti aussi, se dirigeant à gauche ; à ce moment au delà du perron le jardin est plein d'une obscurité noire.

VERTBOIS, *pendant la ritournelle qui lie les couplets entre eux.* N'est-ce pas un peu mélancolique pour une chanson après dîner ? Il me semble qu'une partie d'écarté...

ROSE, *bas.* Madame Dupont vous attend dans l'chemin du Clos-Fleury.

VERTBOIS, *bas.* Vraiment ! (*Haut.*) Au reste, voyons la suite ! Continuez, Rose chantante.

ROSE, *reprenant.*
DEUXIÈME COUPLET.
Sur la terre étrangère
Ne trouvant que chimère,
Pleurant des pleurs brûlants,
Il regrette les champs
Pleins de chants
De son père...

Pendant ce couplet que le Baron écoute le front penché, Catherine, puis Vertbois, sont sortis doucement par le fond.

LE BARON, *pendant la ritournelle.* C'est un peu triste, en effet, Vertbois a raison.

ROSE. Oui, monsieur le baron ; mais à la fin, il fait beau temps !... Écoutez plutôt :

TROISIÈME COUPLET.
Un soir, las de misère,
De solitude amère,
Le pauvre repentant
Rentre au soleil couchant
Dans le champ
De son père !...

Pendant ce couplet, Rose après avoir regardé autour d'elle a été ouvrir la porte de la bibliothèque et a amené Léopold auprès du fauteuil du Baron.

SCÈNE IX.
LE BARON, ROSE, LÉOPOLD.

LÉOPOLD, *se mettant à genoux.* Mon père !

LE BARON. Léopold, mon enfant !... (*Cédant à un mouvement irrésistible, il le presse contre sa poitrine.*)

ROSE, *à part, et avec joie*. Il l'embrasse !... mon Dieu !...

LE BARON, *revenant de son premier mouvement, et comme indigné de s'y être laissé aller*. Vous ! vous ici, monsieur, et je vous embrasse ! je suis donc fou !...

ROSE. Ah ! monsieur le baron, v'là qu'est ben vilain !...

LE BARON. Tais-toi ! Tu ne sais pas, toi, le mal qu'il m'a fait ! Je ne veux pas le voir. (*Il détourne la tête*.)

LÉOPOLD. Mon père ! écoutez-moi, au moins ! Répondez-moi, sur ma mère !...

LE BARON, *s'animant*. Votre mère !... (*En ce moment Hortense paraît au fond sur le perron*.)

SCÈNE X.

LE BARON, LÉOPOLD, ROSE, HORTENSE, *puis* LOUISE *et* VERTBOIS; *puis* CARPENTIER, *puis* FRUCTUEUX *et* GALOUBET.

HORTENSE, *à part*. Qu'est-ce que j'entends ?

ROSE, *en apercevant Hortense, à Léopold*. Sauvez-vous par la bibliothèque !...

LE BARON, *s'animant*. Vous osez me parler de votre mère ?...

LÉOPOLD. Mon père ! par pitié !... dites-moi !...

HORTENSE, *à part, en regardant le Baron*. S'il parle ! s'il veut parler, je suis perdue !...

LE BARON. La colère m'est fatale, monsieur ! N'éveillez pas ma colère, sortez !...*

HORTENSE, *se montrant*. Eh bien ! baron, vous recevez votre fils sans me le présenter ; c'est mal. Je veux le voir, moi, cet excellent fils qui n'a jamais paru chez nous au temps de notre misère. (*A Léopold qui s'est relevé et qui fixe sur elle des yeux ardents*.) Asseyez-vous donc, monsieur !

LE BARON, *s'animant davantage de moment en moment*. C'est un ingrat ! c'est un mauvais fils ! je veux qu'il parte !

HORTENSE. Je veux qu'il reste, moi ! Si monsieur n'a point approché du logis de son père quand son père était malheureux, ce ne pouvait être que par crainte d'augmenter sa gêne, mais maintenant....

LÉOPOLD. Madame, je voudrais savoir de quel droit...

HORTENSE, *l'interrompant et continuant, en observant l'effet de ses paroles sur le Baron*. Maintenant que monsieur de Chastel est redevenu riche, maintenant qu'il a pu arriver sans mourir de faim au gain de ses procès, son fils peut bien...

LE BARON. C'est un misérable ! qu'il sorte d'ici !...

ROSE, *bas à Léopold*. Pour l'instant, cédez !

LÉOPOLD, *sans écouter Rose*. Madame,

* Rose; Léopold, Hortense, le Baron.

vous êtes une femme, et je ne comprends pas que mon père me laisse insulter par vous, mais...

LOUISE, *entrant aux derniers mots par le fond, suivie de Vertbois*.* Mon fils !... Qui donc ose insulter mon fils chez son père ?...

HORTENSE. Son fils !... (*Stupéfaction de Vertbois, de Rose, et de Carpentier qui rentre à ce moment*.)

LÉOPOLD. Ma mère !... Ici !... ma mère !... Oh ! merci, mon Dieu ! (*Allant à Louise et regardant Hortense*.) Mais cette femme alors, qu'est-elle donc ?

HORTENSE, *furieuse, au Baron*. Cette femme ! Dites-leur donc, monsieur, ce que c'est que cette femme qui vous a nourri, tandis que...

LE BARON, *au dernier degré de la colère, à Léopold*. Ça, suis-je le maître !... Encore une fois, monsieur, je vous ordonne de sortir ! (*A Louise*.) Et à vous aussi, madame ! (*Balbutiant et bégayant à force de colère*.) Je vous ordonne... je veux... je .. je...

HORTENSE, *le regardant de côté et à elle-même*. Bien ! de l'audace ! (*Haut*.) Il n'y a ici de baronne de Chastel que moi ! Monsieur de Chastel seul peut me démentir, qu'il le fasse ! (*Le Baron veut parler, puis il porte la main à sa bouche pour dire qu'il ne le peut ; mais montrant du doigt Hortense, il confirme par un mouvement de tête ce qu'elle vient de dire*.)

VERTBOIS, *à part en regardant Hortense et le baron*. Hardiment joué !

LOUISE, *au Baron*. Vous êtes libre de garder cette femme chez vous, monsieur ; pour moi qui n'ai rien en ma possession constatant ma qualité, puisqu'en fuyant notre demeure, vous y avez fait prendre les papiers qui s'y trouvaient, je vous somme de déclarer devant ce magistrat que votre nom m'appartient légalement.

LÉOPOLD. Parlez, monsieur, l'honneur vous le commande ! Dites que ma mère est bien la baronne de Chastel et non une aventurière ! Après, elle et moi sortirons d'ici !...

ROSE, *bas à Léopold et entendue aussi de Louise qui s'approche*. Vous voyez bien qu'y n'a plus sa parole, vot' malheureux père ! La v'là, et c'est comme ça qu'elle lui prend, c't'affreuse maladie que j'voulais vous dire, et dont il croit qu'elle seule peut le soulager !

LÉOPOLD. Ah ! mon père ! mon pauvre père !

LOUISE. Georges !... (*Tous deux font un pas vers le Baron qui est tombé assis le front courbé ; il redresse la tête, les regarde, et du doigt leur montre la porte*.)

LÉOPOLD. O mon Dieu !... (*A ce moment*

* Rose, Léopold, Louise, Hortense, Vertbois, le Baron, Carpentier.

Hortense s'est rapprochée du Baron dont la tête est penchée. Il a pris une de ses mains. Debout près du fauteuil elle regarde d'un air de triomphe Louise indignée. Léopold et Rose laissent voir leur douleur. Vertbois et Carpentier sur le second plan contemplent ce tableau.)

VERTBOIS, *à part*. Ah! cette madame Dupont... Encore si jolie, c'est la vraie baronne de Chastel.

HORTENSE, *qui pendant ces mots, s'est dirigée vers le perron, appelant*. Jean! Joseph! *(Elle va ensuite tirer un cordon de sonnette.)*

ROSE, *à Léopold pendant ces mouvements d'Hortense*. Faut que j' reste ici. D'main soir, attendez-moi à l'Angélus au fossé du Clos-Fleury! *(Léopold va pour parler.)* Chut! *(Galoubet et Fructueux sont parus au fond. Les domestiques sont venus de la gauche.)*

HORTENSE. Jean, tu vas aller chercher le docteur. Monsieur le baron vient d'être atteint par sa crise. Toi, Joseph, tu vas reconduire cette dame et cet homme! *(Elle montre Louise et Léopold.)* Madelon, vous éclairerez les chemins à ces messieurs !... *(Elle montre Vertbois et Carpentier.)*

LOUISE, *au Baron*. Au moins, monsieur, vous entendez. Eh bien! sachez que si mon cœur est brisé, ma conscience est pure, quoi que vous puissiez croire!... sachez que je n'ai jamais souillé votre nom!

LÉOPOLD. J'ai mérité d'être puni, monsieur, et vous me punissez cruellement en me frappant dans ma mère... mais Dieu, Dieu commence à me pardonner... *(Il prend la main de sa mère.)* Puisqu'il me la rend, celle que vous f'appez comme moi !... *(Le Baron veut parler, il se lève, mais la parole n'arrive pas jusqu'à sa bouche, et il retombe dans la même douloureuse attitude. Pendant cette pantomime et pendant la sortie de Louise, Léopold, Galoubet, etc., on entend au dehors le chœur de la scène huitième dont le refrain continue en sourdine jusqu'à la fin de l'acte.)*

CHOEUR.
Aux pauvres du village
Que chaque maison
Offre en signe d'hommage
Part de sa moisson!
C'est la fête, etc.

HORTENSE, *à Rose*. Quant à vous, rusée chènevotte qui avez préparé cette comédie, je vous chasse. *(Avec une plainte non articulée, il presse Rose sur son sein en faisant signe qu'il veut la garder près de lui. Hortense se contraignant conduit au fond les personnages précédés par la domestique qui a été allumer un fallot on entend s'éloigner le chant de la Saint-Pierre. Le rideau tombe.)*

ACTE DEUXIÈME.

Un endroit du village de St-Pierre.— Au fond, à droite, la grille d'un parc qui paraît être fort étendu. Sur le premier plan de droite, une cabane avec porte ouvrant sur la scène et dont diverses plantes grimpantes cachent la vétusté. Aux plans suivants du même côté, arbres et feuillages. A gauche et occupant les trois premiers plans, l'extrémité du jardin qui entoure la maison du clos Fleury. — Une porte de cette maison qui se prolonge hors de vue à gauche occupe le premier plan. Auprès de cette porte qui ouvre au-dessus d'une ou deux marches il y a un banc de pierre. Au troisième plan une haie à hauteur d'homme, laquelle se perd dans la coulisse de gauche, avance vers la droite et vient jusque sur le devant couper la scène en deux à peu près au tiers du théâtre. Là, elle fait retour vers la maison. Cette haie, qui forme un angle au fond de la scène presqu'en face de la grille du parc, est coupée par une porte fixée entre deux pieux et ouvrant sur la scène, en face de la cabane; et dans sa longueur, cette haie est côtoyée par un petit fossé garni d'herbes et au fond de droite duquel est censé couler un ruisseau. Au bas de la cabane, une pierre sert de siége.

SCÈNE PREMIÈRE.
LOUISE, LÉOPOLD.

(Ils sont assis dans le petit jardin, Louise sur le banc de pierre, Léopold en face d'elle sur un siège bas en grume. Au lever du rideau, de jeunes paysans passent au fond venant de la droite; ils portent en main des branches d'arbres enrubanées et chantent la chanson de la fête dont l'air est mêlé aux dernières notes de l'ouverture.)

Ce matin, à la Vierge
Sur l'autel fleuri,
On a mis un beau cierge
Jésus a souri!

C'est la fête à saint Pierre
Chantons tous, lon lan là!
Château, ferme et chaumière
Lon, lan, là!
Pour ce jour-là, saint Pierre
Chez nous passera.

LÉOPOLD, *comme interrompant son entretien avec sa mère au bruit de la chanson*. C'est le chant des meneurs de la fête!... *(Pendant le refrain, un des paysans se détache de la bande et va frapper à la porte du Clos-Fleury, que Léopold vient ouvrir.)*

LE PAYSAN, *tendant une petite corbeille ornée de fleurs, et récitant d'un ton déclamatoire*.
Si vous ét's ami d' saint Pierre
Qui est l'ami du pays

Do nez aux amis d' saint Pierre
Pour les frais d'la fête faire
Au nom des gens du pays
A saint Pierre qu'est un ami !

LÉOPOLD Tenez...

LE PAYSAN, *sur le même ton.* Ami d' saint Pierre, merci ! Allons, marchons plus loin... (*Ils s'éloignent par la gauche en reprenant :*)
C'est la fête à Saint Pierre, etc.

LÉOPOLD, *revenant s'asseoir près de sa mère, et comme continuant un entretien commencé.* Que vous avouerai-je, ma mère ! J'étais un enfant, et je me croyais un homme, quand je fis, à la suite d'une dispute avec mon père, cette criminelle folie de quitter le foyer où s'était chauffé mon enfance. J'interrompis des études médicales heureusement commencées. Je partis. Enfin, ma faute, mon crime plutôt, a été sans excuse. Le pardon dont j'ai besoin pour recommencer ma vie doit être miséricordieux, entier, absolu, comme celui de Dieu même !

LOUISE. Comme celui d'une mère... et je te pardonne, mon enfant ! m'eusses-tu fait souffrir plus encore ! On n'est pas mère impunément. A ton tour, écoute-moi, sache comment monsieur de Chastel et moi nous avons été séparés !

LÉOPOLD Parlez, ma mère ! (*Il se lève.*)

LOUISE, *plus doucement.* J'étais bien jeune quand je connus monsieur de Chastel, et dès lors j'éprouvai pour lui un respect, un amour, une passion même qu'on ne connaît d'ordinaire que plus tard. Quand moi, fille pauvre et sans nom, je m'appelai madame de Chastel, j'avais quinze ans. Or, mon ami, quoi qu'en disent les chansons, ces belles amours qui envahissent le cœur, presque en même temps qu'il commence à battre, quand elles sont vraies, le mariage ne les tue pas. (*Elle se lève.*)

LÉOPOLD. Si mon père pouvait vous entendre ?...

LOUISE. Il y a huit ans, monsieur de Chastel était alors menacé de perdre sa fortune dans d'injustes procès. Nous eûmes à supporter notre premier malheur, celui qui engendra les autres : votre fuite. (*Léopold baisse la tête.*) Emporté par sa tendresse, qui ne voulait pas même attendre votre retour, monsieur de Chastel, un mois après votre départ, laissa là ses procès et se mit à votre recherche. Il fut trois mois absent ! Oh ! ces trois mois !...

LÉOPTLD. Ma mère !...

LOUISE. A cette époque, j'étais encore belle ! J'eus le chagrin de paraître telle aux yeux d'un homme qui, à ce moment, étourdissait Paris du bruit de ses aventures. Il avait triomphé, toujours, disait-on ! Une honnête femme, mon fils, ne fait point éclater sa vertu ! La vertu s'éloigne du passage du vice. Je me condamnai à une retraite absolue ; mille ruses m'y assiégèrent, et je vous le dis par nécessité, en rougissant, je fus l'objet d'un pari. Vous n'étiez pas là, Léopold, pour qu'on vous entendît m'appeler votre mère ! (*Une pause.*) Savez-vous ce que la vanité blessée d'un misérable imagina pour faire croire au gain de la gageure ? Comme votre père rentrait à Paris, on mit sous ses yeux une lettre qui m'était adressée et par laquelle on me remerciait... On me remerciait, comprenez-vous, d'un bonheur que... (*Elle cache son visage.*)

LÉOPOLD. Oh ! ma mère ! Vous me direz le nom...

LOUISE. Votre père... que Dieu lui pardonne ! Votre père, plein d'une défiance et d'une jalousie innées, oublia tout d'un coup notre amour, ma loyauté, notre bonheur ! Il oublia votre existence, à vous, il cessa de croire (*se frappant la poitrine*) à ce cœur tout plein de lui ; il crut... à cette lettre ! Et courant se battre avec l'imposteur, il le frappa à mort.

LÉOPOLD. Il est mort !

LOUISE. Oui, mais pour ses amis et pour monsieur de Chastel, l'infâme est mort ayant gagné son pari !...

LÉOPOLD. Oh ! mon Dieu ! mon Dieu !*

LOUISE. Sans vouloir m'entendre ni me voir, votre père s'en fut vivre seul, se livrant uniquement aux soins d'une domestique. Puis, ai-je appris encore, et bien péniblement, quand par le gain de ses procès il rentra dans sa fortune, cette domestique, qui le domine entièrement, l'emmena dans ce pays, qui est le sien et...

LÉOPOLD. Je connais le reste, ma mère ; en sachant mon père dans ce village, vous avez quitté la retraite où le travail vous faisait vivre. Avec les économies faites sur vos labeurs, vous avez loué cette maison sous un nom obscur... Mais depuis hier, on doit voir en vous la baronne de Chastel !...

LOUISE. Ma seule preuve, c'est vous, Léopold ! Et si le baron persiste dans ses refus de nous voir, si cette femme se met toujours entre lui et nous, lui dont la santé est compromise ! ah ! j'en mourrai de douleur !...

LÉOPOLD. Mais il y a des lois, ma mère, et...

LOUISE. Il s'agit de votre père, Léopold ; son cœur m'est toujours plus cher que son nom, et ce ne sont pas les lois qui me rendront son cœur.

LÉOPOLD. Maintenant que nous sommes réunis, espérons... (*Ici on entend les premiers sons de l'Angélus.*) Rentrez, ma mère ; voici l'instant de la fraîcheur, rentrez... moi, je sors pour un moment ; je vais savoir des nouvelles de mon père, et je serai bien-

* Léopold, Louise.

tôt de retour. (*Il reconduit sa mère à l'entrée de la maison, puis revient et sort du jardin par la petite porte de la haie. Pendant ce mouvement, Rose est sortie du château par la porte du parc, l'Angélus continue à tinter.*)

SCENE II.
ROSE, LÉOPOLD.

ROSE, *en descendant de scène.*
AIR : *Du chevrier.* (De Sapho.)

Sonnez, cloche de mon village,
De l'Angelus tintez les chants,
  Les chants touchants...
Sonnez l'heure où cesse l'ouvrage
Où le berger revient des champs,
A cette heure où s'endort l'abeille
Aux cieux la fleur d'argent s'éveille,
De la nuit, astre messager,
Voici l'étoile du berger !..
    Sonnez. (*bis.*)

LÉOPOLD. C'est moi, petite Rose...
ROSE. C'est moi pareillement, monsieur !
LÉOPOLD. Comment monsieur de Chastel va-t-il en ce moment ?
ROSE. Oh! il va bien ! je n' l'ai point quitté d'puis la dure scène qu'y a eu; heureusement d'puis tantôt il parle bellement, il dit c' qu'il veut dire... Est-ce que sans ça j'aurais mon air d' contentement ? mais, par bonheur, cette fois! l'accident n'a pas duré !
LÉOPOLD. Vous aimez donc bien mon père ?
ROSE. Ah! mais oui, pour ça!... il est si bon pour moi, d'puis qu' nous avons fait connaissance dans les champs, où il se trouva mal un jour sous un noyer, comme ça aurait pu vous arriver hier... Oh! quand son accident lui prend, je n' peux plus respirer, dà, et quand y r'dit son premier mot, c'est comme dimanche dans mon cœur... Mais à caus' que vous me r'gardez tell'ment, donc ?
LÉOPOLD. Parce que j'y trouve une bien douce joie, petite Rose.
ROSE. J' voulais donc vous parler de...
LÉOPOLD. Voulez-vous aussi me donner la main ?
ROSE, *la lui donnant*. A cause ?
LÉOPOLD. Pour la serrer dans les miennes, en vous remerciant d'avoir aimé mon père, et, sans la connaître, ma mère aussi... Tandis que moi je ..
ROSE. Oh ! vous !... ça m' paraît qu' vous m'nez une jeunesse d' moineau franc ! vous avez oublié vot' nid et vous vol'tez un brin partout. Lâchez-moi donc, puisque j' vous ai rendu vot' poignée d' main... Et tenez, pour que j' vous jase un peu, seyons nous là... (*Elle montre le bord du fossé contre la haie.*) J' suis lasse tout d' même !...

* Rose, Léopold.

faut donc que j' vous dis°, monsieur.. .
LÉOPOLD, *s'asseyant auprès de Rose.* Est-ce que vous n'aimez personne, Rose, dans ce village ?
ROSE. Oh! que si, j'aime un quelqu'un.
LÉOPOLD. Ah !
ROSE. Oui, monsieur Giraud...
LÉOPOLD, *un peu contrarié et se levant.* J'ai entendu ce nom-là... Ah ! oui, hier, au château, cet imbécile...
ROSE. Non, un s'rin...
LÉOPOLD. Eh bien ! oui... ce Giraud qui ne voulait pas ..
ROSE. Mais non, monsieur Giraud, un vrai s'rin, qu'a des ailes...
LÉOPOLD. Et qui s'appelle monsieur Giraud ?
ROSE. Eh! oui, donc? mais point Fructueux !
LÉOPOLD. Et d'où vient son nom ?
ROSE. Ah! je n' sais point. C'est un bien bon homme, l' curé du pays, qui à sa fin m'a laissé c't' oiseau. Ma mère est morte en m'amenant au monde, moi que vous voyez, et quand mon pauvre père qu'était cantonnier d' la grande route, est parti aussi pour l' pays du bon Dieu, monsieur le curé m'a recueillie, et quand il a fini très-vieux ! très-vieux ! — j'avais neuf ans — il m'a laissé c' petiot chanteur que j' vous disais, un s'rin tout charmant qu'il avait appelé monsieur Giraud; je n' pouvais point l' changer d' nom, moi... quoiqu' j'en ai des douzaines.
LÉOPOLD. Comment ?
ROSE. Oui, ils m'appellent ici : Rose au grands yeux, la Mignote, la Chante-Toujours, y en a-t-il pas qui m'ont baptisé la Farouche et d'aut' noms à faire pleurer la Vierge ! à cause que j' n'aime guère les compliments, ou que j' vas des fois m' promener seule au soleil des loups, à la lune, pour r'garder bellement là haut ces grandes plaines bleues où dès la nuit on voit pousser des fleurs en or !... (*D'un autre ton tout plein d'orgueil.*) Mon vrai nom, c'est Rosine-Marie-Joseph ! fille d' braves gens !...
LÉOPOLD, *avec abandon.* Ah! mademoiselle Marie-Joseph, je crois que je vous aime déjà, ou je me tromperais bien !
ROSE. Vous m'.... (*Elle s'arrête brusquement plus troublée des regards de Léopold que de ce qu'il vient de dire, puis elle se lève et fait quelques pas sur la place.** *Enfin elle reprend avec une gaieté un peu forcée.*) Vous faites bien d' m'aimer, je n' suis point un' fille méchante, moi, et tout l' monde m'aime ici ! voirement qu' l'on m'a choisie pour rosière, et qu' c'est demain qu'on m' met la couronne blanche... Voyons, pourquoi me regardez-vous encore parcillement ?..

* Léopold, Rose.

LÉOPOLD. Parce que... parce que... je ne vous aimerais pas comme tout le monde, moi, Rose!.. Est-ce que ça vous fait de la peine?

ROSE, se troublant encore. C' n'est point ça!... (Se reprenant.) J' veux dire... ça me suffoque, on dirait... et plutôt, oui ça m'en fait, d' la peine! Et avec ça, vous fait' un' voix trop douce aussi, et t'nez, finissez, monsieur, je m' sens venir l'envie d' pleurer.

LÉOPOLD, s'approchant d'elle et lui tendant la main. Rose...

ROSE, reculant. Allons, adieu, je m'en vais...

LÉOPOLD. Mais ne deviez-vous pas me parler de...

ROSE, revenant. D' vot' père, monsieur, c'est mal d' me l'avoir fait oublier! et c'est plus mal à vous de l'avoir oublié... J'ai voulu vous causer raison à vous qu'êt' un homme et vous m'en avez punie.

LÉOPOLD. Et comment?

ROSE, avec une sorte de dignité. Taisez-vous! et écoutez-moi parler. Il n' sera point dit que nous aurons jasé là une heure, sans nous occuper d'un pauv' digne homme qui, j'en suis sûre, vous doit beaucoup d' ses chagrins.

LÉOPOLD, d'un ton sérieux. Pardonnez-moi, Rose, et parlez, sûre d'être comprise! Dites-moi d'abord si mon père souffre depuis longtemps de ces spasmes qui paralysent ainsi sa voix? Dites-moi s'il a été traité par quelque médecin?

ROSE. Monsieur l' baron souffrait comme ça depuis quéqu'temps, lorsqu'il y a deux ans un médecin d'Amiens a passé quinze jours au château, et en s'en allant a dit qu' la chose était... in... incurable... depuis c' jour-là, on a laissé là tout traitement.

LÉOPOLD. Mais ces spasmes soufferts par monsieur de Chastel et qui le livrent pieds et poings liés, ne tournent-ils point au profit des calculs de cette femme? et, parfois, ne les provoque-t-elle pas un peu?

ROSE. C'est bien triste à dire, monsieur, mais je crois que c'est vrai.

LÉOPOLD. Comment remédier à ces malheurs, mon Dieu!

ROSE. Et puis, elle est si fine madame Hortense!... Ell' s' rend indispensable à tout moment... elle ne le laisse jamais seul qu'avec Fructueux ou moi! Et la nuit, elle fait veiller autour du château son ami Galoubet, armé comme à la guerre. Mais comme dans tout ça c'est la maladie qu'est la plus grande affaire et qu' j'ai quéqu' petiotes économies de mon chanvre, j'avais eu l'idée d' m'en aller un matin à petites journées vers Paris. Là j'aurais conté la chose à un fort médecin en lui portant mes cent soixante-deux francs. Y s'rait venu ici d' son côté comme dans une histoire, et y n'aurait pas dit son métier et y s' serait fait bien venir d' madame Hortense, et il aurait guéri monsieur de Chastel sans qu'on s'en s'rait aperçu...

LÉOPOLD, avec résolution. Restez près de monsieur de Chastel, mon enfant, n'abandonnez pas non plus ma mère, c'est à moi d'aller à Paris et tantôt je vais partir.

ROSE, malgré elle. Déjà?

LÉOPOLD, souriant et doucement. Oui: j'ai compris mon devoir, je le remplirai dignement. Allons, je vais répéter à ma mère ce que vous m'avez dit. Au revoir! petite Rose, et si tout à l'heure vous n'êtes plus là, adieu!

ROSE. A revoir, monsieur Léopold.

LÉOPOLD. Voulez-vous me redonner votre main?

ROSE. Non! vous la gardez trop longtemps!

LÉOPOLD, rentrant chez sa mère. Adieu!

ROSE. Adieu.

SCÈNE III.
ROSE, seule.

J'ai mal fait de n' pas lui r'd'onner une poigné de main... Il avait un air si franc en disant qu'y voulait partir!... Oui, je l'ai mal quitté... mais aussi, pourquoi... Ah çà; qu'est-ce que j'ai donc à être tourmentée tellement? L' cœur me bat qu' j'en é ouffe! Et j' m' sens rougir... mais j' n'ai pourtant rien fait de mal, moi, jamais! (Elle s'arrête à rêver.)

SCÈNE IV.
ROSE, GALOUBET.

GALOUBET, se parlant à lui-même en venant de la gauche. Oui, oui, palsembleu! mon plan est bien conçu, c'est Catherine qui sera ma femme! hymen qui me mettra sur la route des honneurs!...

SCÈNE V.

ROSE, GALOUBET, et, sortant du parc, LE BARON, HORTENSE, CARPENTIER, FRUCTUEUX, VERTBOIS. (Fructueux est en train de fumer un cigare. Le Baron s'appuie sur le bras d'Hortense.)

LE BARON. Eh bien! mon amie, le grand malheur! vous vouliez sortir par la grande grille, et les domestiques à qui vous avez permis de se divertir, l'ont fermée en s'en allant.

HORTENSE. Je voulais vous épargner la longueur du parc! (A part.) Me forcer à l'amener devant cette maison... Je les chasserai les misérables!...

GALOUBET. Monsieur et madame la baronne, j'ai l'honneur...

FRUCTUEUX, à Rose, que la fumée de son cigare fait reculer. Je l'ai revue, chanvrière,

* Hortense, Galoubet, Carpentier, le Baron Vertbois, Rose.

je l'ai revue, ma Catheau ! ah ! j'en ai pleuré de joie !...

ROSE. Vous n'êtes pas méchant, vous, Fructueux !

GALOUBET, *à part, en regardant Fructueux*. Est-il laid, quand il fume ! Il a l'air d'une oie endimanchée !...

HORTENSE, *à demi voix, à Carpentier*. Oui, tout est signé... et comme je le voulais !

CARPENTIER. Bien ; c'est-à-dire... si... si... je puis m'exprimer de la sorte, c'est... ou plutôt, en restant dans les limites de...

HORTENSE, *haut*. Eh bien, partons-nous ? (*Elle regarde à droite avec inquiétude.*)

LE BARON. Eh ! mon Dieu ! qui nous presse !... Qu'es-tu donc devenue, petite Rose ?

HORTENSE. En effet, le premier coup de l'Angélus l'a fait sauver !.. Eh bien, Galoubet, as-tu fait bonne chasse aujourd'hui ?

GALOUBET. Assez bonne, madame la baronne.

HORTENSE. Voyons !... (*Galoubet s'approche comme pour lui montrer le contenu de son carnier, bas.*) Écoute-moi, tu sais presque tous mes secrets ; un jour peut-être, je pourrais pour couper court à quelque discussion, vouloir quitter le château en déclarant que je n'y rentrerai jamais.

GALOUBET. Eh bien, baronne ?

HORTENSE. Je ne voudrais pas être forcée de revenir alors, pour prendre la seule chose que je veuille emporter... mes papiers.

LE BARON, *de l'autre côté de la scène*. Et toi, Fructueux, comme tu es joyeux, ce soir ?

GALOUBET, *à Hortense*. Est-il laid, quand il est joyeux. Continuez !

FRUCTUEUX. Je l'ai retrouvée, monsieur le baron ! je l'ai retrouvée ! Ele m'a reconnu !

LE BARON. Qui donc ?

FRUCTUEUX. Catheau, monsieur le baron, une ancienne vache laitière que je gardais avec ma cousine...

HORTENSE, *à Galoubet et à demi-voix*. Fructueux est trop bête pour qu'on se fie à lui... Viens demain chercher la cassette contenant ces papiers ; tu la garderas chez toi jusqu'à ce que je te la redemande !..... (*Pendant ces mots d'Hortense, Fructueux s'est baissé pour ramasser son cigare. A ce moment, Carpentier en causant est renversé en arrière, appuyé sur sa canne. En se relevant, Fructueux heurte de son épaule la canne qu'il fait glisser. Carpentier trébuche et va tomber juste aux pieds d'Hortense en s'écriant :*)

CARPENTIER. Oh ! pardon ! pardon, si...

HORTENSE, *distraite et se dirigeant vers Fructueux*. Ah ! Carpentier encore !... un homme marié !...

GALOUBET, *à part*. Elle fauche dans mon pré ! elle est à moi !

HORTENSE, *à Fructueux*. Tu sais ce que je t'ai dit, toi, va donner congé de ta maison à cette aventurière !... (*A part.*) Il faudra qu'elle quitte la commune !... (*Haut.*) Eh ! bien, resterons-nous ici toute la soirée, messieurs ?

LE BARON. Allons voir la fête !

VERTBOIS. J'ai commandé beaucoup de gaieté ! sur le programme.

LE BARON. Veux-tu me prêter ton bras, petite Rose ?

ROSE. Mes deux bras avec tout mon cœur, monsieur le baron !

HORTENSE. Enfin !

FRUCTUEUX, *à part*. Crédié ! mais un congé, ça ne se donne pas comme ça ! Ah ! le notaire doit le savoir ! Un mot, monsieur Carpentier ?... (*Voulant parler bas à Carpentier sans avoir ôté son cigare de sa bouche, il lui entre dans l'oreille ce cigare tout allumé.*) Je...

CARPENTIER, *criant*. Aïe !... Que dites-vous donc, monsieur Giraud ! ou plutôt permettez que... Je veux dire, pardonnez-moi si...

VERTBOIS, *qui partait ainsi que le Baron et Rose, se retournant*. Votre client vous a consulté avec feu, Carpentier ?...

HORTENSE, *d'un ton de reproche plaisant, en prenant le bras du notaire*. Ah ! monsieur de Vertbois, un magistrat !... (*Sortent par la droite le Baron et Rose, Vertbois, Carpentier et Hortense qui en s'éloignant montre du doigt à Fructueux la porte du clos : Galoubet disparaît par le fond. Fructueux traverse le jardinet d'un pas rêveur et va crier devant la porte de la maison.*)

FRUCTUEUX. Madame Dupont ?... madame Dupont ?...

SCÈNE VI.

FRUCTUEUX, LÉOPOLD.

LÉOPOLD, *sortant de la maison*. Que voulez-vous dire à madame la baronne de Chastel, monsieur ?

FRUCTUEUX. Monsieur, ce n'est pas vous qui êtes madame Dupont !

LÉOPOLD. Madame Dupont, monsieur, reprend aujourd'hui son véritable nom, celui de baronne de Chastel...

FRUCTUEUX, *un peu interdit et cherchant ses mots*. Dame ! monsieur ! nous autres paysans, nous ne prononçons pas très-bien les noms ! Faut pas m'en vouloir ! moi, voyez-vous, je n'ai point de mauvaiseté ! mais aujourd'hui je suis assez guilleret, vu que... (A part.) Tiens, v'là un joint ! (Haut.) Et c'est même de ça que j'venais parler à madame du... de Chastel.

LÉOPOLD. Venez au fait.

FRUCTUEUX. Monsieur, je l'ai retrouvée, voilà le fait !

LÉOPOLD. Qui ?

FRUCTUEUX. Catheau, une amie de jeunesse, une vache blanche, superbe à voir et bonne comme un bon chien !

LÉOPOLD, *souriant*. Eh bien, qu'est-ce que cela fait à ma mère ?

FRUCTUEUX. Ça fait que je venais lui donner congé de c'te maison qui m'appartient, vu qu'il y a une étable, là, derrière elle, la maison.

LÉOPOLD. Qui vous empêche d'y mettre Catheau ? ma mère vous le permettra.

FRUCTUEUX. Ah ! mais, c'est que je ne l'ai pas encore ma pauvre Catheau ! faut que je la rachète !

LÉOPOLD. Eh ! mon garçon, rachetez-la !

FRUCTUEUX. Et avec quoi donc ? Ma cousine ne me donnera point un sou pour ça, non ! Et je veux vendre la maison pour racheter ma vache.

LÉOPOLD. Et quand vous l'aurez rachetée, où la mettrez-vous ?

FRUCTUEUX. Dans l'étable.

LÉOPOLD. Dans quelle étable ?

FRUCTUEUX. Dans l'étable qu'est là, derrière.

LÉOPOLD. Mais si vous avez besoin de cette étable, vous ne pourrez pas racheter Catheau, puisque...

FRUCTUEUX. Mais si donc !

LÉOPOLD. Comment ?

FRUCTUEUX. Je m'éreinte à vous le dire... avec le prix de ma maison.

LÉOPOLD. Et vous voulez mettre votre laitière ?...

FRUCTUEUX. Je n'vous l'ai donc pas dit, nom d'un coq ?

LÉOPOLD. Où, m'avez-vous dit ?

FRUCTUEUX. Une vache, ça ne se met point dans un grenier ! je la mettrai dans l'étable ! (*A part pendant que Léopold l'admire.*) Sont-y bêtes, ces bourgeois !

LÉOPOLD, *à part*. Mais s'il vend la maison, il ne peut pas garder... (*Haut.*) Mon garçon, comprenez donc... (*S'interrompant, et se parlant à lui-même.*) Ah ! ma foi, non ! j'aime autant qu'il suive son idée !... (*A Fructueux.*) Savez-vous une autre maison à louer dans le village ?

FRUCTUEUX. Il y a dans la ruelle Pochon...

SCÈNE VII.

LES MÊMES, ROSE, LE BARON, *venant de la gauche.*

LE BARON, *son bras appuyé sur celui de Rose.* Allons, oui, mignonne, j'ai été dur, tu m'en fais convenir...

LÉOPOLD, *entendant, à Fructueux.* Venez donc informer madame de Chastel. (*Il entre dans la maison.*)

FRUCTUEUX. Vous avez compris, enfin. (*Avant d'entrer après lui.*) Sont-ils bêtes, ces bourgeois.

SCÈNE VIII.

ROSE, LE BARON, *revenant de la droite,* puis FRUCTUEUX, puis LOUISE.

ROSE. Et en avouant ça, vous n'avez point d'envie de r'voir la pauv' femme ?..

LE BARON. Et que nous dirions-nous qui ne fût pénible ou amer pour tous deux ?

ROSE. Dites plutôt que madame Hortense...

LE BARON. Ne me dis rien d'Hortense, mignote. Parlons d'autre chose.

ROSE. Comme ça vous plaira, monsieur le baron. Mais vous vous trouviez déjà si fatigué... Seyez-vous un peu là contre ma cabane, pendant que j'vous ferai un bouquet de saint Pierre. (*Elle va contre la haie dehors. Le Baron s'assied. On entend au dehors les violons d'un orchestre de village jouant l'air de danse de la Closerie des Genets.*)

FRUCTUEUX, *sortant de la maison.* V'là ma commission faite ! Ils déménageront. Allons retrouver ma cousine. (*Sortant de la haie et apercevant le baron.*) Monsieur le baron, j'vas faire danser ma cousine ! (*Il disparaît à droite.*)

ROSE, *à part, en cueillant son bouquet.* Avertissons c'te pauv' dame.

Air *de la sérénade napolitaine.* (Scudo.)
Écoutez la voix qui passe
  Dans l'espace,
Ame émue à tous les bruits,
C'est l'espoir qui vous arrive,
  Fleur plaintive,
Avec la fraîcheur des nuits.
  La, la, la, la,

LOUISE, *sortant de chez elle.* Oh ! c'est un avertissement de Rose !

LE BARON. A la bonne heure ! j'aime mieux l'entendre chanter que parler d'Hortense !

LOUISE. La voix de mon mari !

LE BARON. Je sais bien ses défauts, pardieu ! moi qui en souffre... mais je sais aussi tous ses mérites.

ROSE. Oh ! elle en a, monsieur le baron, elle en a !

LE BARON. Elle m'a prouvé un cœur excellent ! elle seule sait me soulager dans ma maladie ! Enfin, ne t'ai-je pas avoué que je ne peux pas me passer d'elle ?

LOUISE, *qui écoutait.* Est-il donc à jamais perdu pour moi !...

LE BARON. Ainsi, plus un mot là-dessus !

ROSE. Non, monsieur le baron. Tenez, v'là mon bouquet. Il vous portera bonheur.

LE BARON Merci ! Mais dis donc, petite Rose, j'ai à te gronder, moi aussi !

ROSE. Moi, monsieur le baron !

LE BARON, *chante toujours ma fille !* Vous avez des amoureux ! oui ! vous en avez ! Avant-hier, je suis passé en voiture par deux fois le long de votre chénevière. En allant, j'ai vu près de vous le galant Galoubet, et en revenant, c'était l'élégant Fructueux... Pour une rosière, franchement, ce n'est pas joli, joli !

ROSE, *souriant.* Pour ça, monsieur le baron, c'est tout bonnement par économie.

LE BARON. Bah !

ROSE. Dame ! Pour chasser les oiseaux qui veulent manger le chènevis, faut d'habitude fagoter des hommes en paille, des... des épouvantails : avec Galoubet ou Fructueux, y en a pas besoin : quand ils viennent, les oiseaux ne viennent pas.

LE BARON. Fort bien ! Tu es économe, toi !... (*Se levant.*) Rose, je veux te demander un service.

ROSE. Vous êtes bien bon, monsieur le baron !

LE BARON. J'ai là un médaillon contenant deux portraits auxquels... malgré moi, je tiens encore !... Hortense m'a demandé cela cent fois, et j'ai refusé toujours... Mais je m'affaiblis, je pourrais céder, ce serait mal ! Il faut que tu me gardes ce médaillon !... (*Il le détache de son cou et le remet à Rose, qui le passe au sien en le cachant.*)

LOUISE, *à part, pendant ce mouvement.* Mon portrait et celui de mon fils !...

ROSE. Bien merci, monsieur le baron, d'vot'bonne confiance ! (*Sur un autre ton.*) Dites un peu ? Je ne sais pas si vous êtes comme moi, mais j'ai comme un'grande soif !

LE BARON. Oui, oui, cette soirée est si chaude ! et la poussière qui vient de la fête... Allons au château ! (*Fausse sortie.*)

ROSE. Entrons plutôt là. (*Montrant la porte du clos.*)

LE BARON. On trouve donc à se rafraîchir là ?

ROSE. Oui, bien sûr, monsieur le baron !

LOUISE. La chère enfant ! l'ai-je comprise ? (*Elle rentre précipitamment dans sa maison.*)

ROSE, *poussant la porte du clos et guidant le baron.* Là ! venez. (*Elle le mène au banc de pierre.*)*

LE BARON, *en s'asseyant.* Je ne sais pourquoi je me rappelle en ce moment un doux souvenir de ma vie d'autrefois. Autrefois,

* Le Baron, Rose.

vois-tu, Rose, j'avais une bonne femme, noble, pure, adorable ! c'était l'ange gardien de mon foyer ; et... mais... cette femme-là... elle est morte !...

ROSE. Je n'crois point, moi, monsieur le baron !... Mais quel souvenir vous revenait donc comme ça ?

LE BARON. Au temps des chaleurs d'été, où je souffrais de soifs brûlantes, la douce ménagère préparait pour moi une boisson qu'elle m'offrait elle-même ; cette liqueur seule apaisait la soif qui me brûlait, et j'aimais à souffrir ainsi pour être ainsi soulagé... (*Ici Rose entre dans la maison.*)

LE BARON, *un instant seul.* Mais à quoi bon se souvenir ; c'est une autre souffrance... et sans remède, celle-là !... (*Musique.*)

ROSE, *reparaissant avec Louise qui tient à la main une coupe pleine.* Tenez, buvez, monsieur le baron ! (*Le Baron, la tête encore baissée, prend la coupe des mains de Louise et la porte à ses lèvres. Reconnaissant ce qu'il boit, il s'arrête brusquement, puis relève lentement la tête et regarde Louise qui est restée près de lui. Il veut alors se lever, mais l'émotion lui ôtant la force, il retombe assis.*)*

LOUISE. Vous le reconnaissez, n'est-ce pas, monsieur, le breuvage aimé de vos lèvres ? pour moi, c'est comme une image de notre ancien amour si doux, si limpide !... et s'il est changé, ce n'est pas la faute du temps, c'est que j'y ai laissé tomber des larmes.

LE BARON, *d'un son de voix profond.* Ah ! Louise !

LOUISE, *d'une voix mouillée.* Georges !

ROSE, *à part, les yeux au ciel.* Tu es toujours bien bon, toi, mon Dieu, sans jalousie et sans rancune !...

LE BARON. *En regardant Louise avec une vive émotion, il avance involontairement la main pour reprendre la coupe encore demi-pleine, puis il s'arrête brusquement, et se lève en criant :*) Mais céderai-je donc toujours à mes premiers mouvements ! Que fais-je ici, et comment y suis-je ? Est-ce un piége ?... Oui, sans doute, et c'est Rose qui m'y a entraîné !**

ROSE. Mais, monsieur le baron, je...

LE BARON, *s'animant.* Silence ! Pendant des années entières on peut bâtir des plans fort adroits, on peut préparer des mensonges plus vraisemblables que la vérité ! On sait à quel point du cœur on frappera, mais... (*S'arrêtant devant Louise.*) Mais comment te croirai-je... (*Se reprenant.*) Vous croirai-je, madame, lorsque...

LOUISE, *doucement.* Tu te reprends, Georges ! (*Silence embarrassé du baron.*) Vous parlez de mensonges, monsieur ! vous

* Le Baron, Louise, Rose.
** Rose, le baron, Louise.

m'accusez de mensonge, moi! (*A Rose qui allait sortir.*) Restez! (*Au Baron en la prenant par la main et la lui montrant.*)* Vous aimez cette enfant, vous croyez à sa pureté, comme j'y crois moi-même. Pensez-vous que j'oserais vous mentir devant elle, si j'avais le malheur d'en être capable? Pas plus devant elle que devant mon propre enfant! Eh bien! Georges, c'est en présence de Dieu, au-dessus de ce front sans tache que je vous dis : Je n'ai pas cessé un seul instant d'être une honnête femme!... Me croyez-vous?...

LE BARON. Je vous crois, Louise... Mais...

LOUISE. Mais?... (*Ici Rose sort du clos et va sur la place pour voir si personne ne vient.*)**

LE BARON. Mais vous... ne... me donnez aucune preuve! et... j'avoue ma faiblesse : Quand je serai loin de vous, quand je n'entendrai plus votre voix, je... je douterai encore...

LOUISE. Oh! mon Dieu! mon Dieu!

LE BARON, *continuant, après avoir vu d'un coup d'œil que Rose n'est plus là.* Je douterai, oui, car cette lettre, cette lettre qui vous était adressée, je l'ai lue, j'ai vu au bout de mon épée la main qui vous l'avait écrite...

LOUISE, *vivement.* Qui l'avait écrite pour vos yeux, monsieur, non pour les miens! Mais regardez-moi donc, Georges, regardez-moi donc bien! (*A voix basse et avec énergie.*) Des preuves! vous me demandez des preuves! Vous! à moi! Mais, est-ce que sur ce front-là, il y a de la honte?... Y voyez-vous des traces d'adultère? Est-ce que ces yeux-là ont jamais pu regarder un autre homme que vous!... (*Le Baron est ébranlé. Moment de silence plein d'émotion. Louise reprend plus doucement.*) Nous sommes de vieilles gens, à présent, mon ami ; mais l'âge a-t il aussi ridé nos cœurs? ne s'entendent-ils plus? ne suis-je plus votre femme... Ta femme, dis, Georges?

LE BARON, *ému,* Louise! (*Lui prenant la main, et avec plus d'abandon quand il la sent dans la sienne.*) Ma pauvre Louise!

LOUISE, *sans retirer sa main.* Ah! Georges!... Nous ne vieillirons donc pas ensemble!

LE BARON, *de plus en plus ému.* C'eût été bien doux pourtant! Vieillir ensemble! se courber ensemble, la main dans la main, gardant au même niveau les yeux et le cœur! ne pas s'apercevoir que les cheveux blanchissent!...

LOUISE. Et puis, oubliez-vous ce qui s'élève entre ceux qui se sentent pencher?... oubliez-vous... notre fils?...

LE BARON, *avec entraînement.* Notre fils!...

* Louise, Rose, le Baron.
** Louise, le Baron.

SCENE IX.

LES MÊMES, LÉOPOLD. (*Pendant que le Baron et Louise se tenaient la main, on a vu Rose sur le seuil de la maison faire des signes, et Léopold s'estavance. Au dernier mot du Baron, il vient lui prendre la main, et mettant un genou en terre, il couvre cette main de baisers.*)

LE BARON, *fléchissant sous son émotion, et reculant entre sa femme et son fils jusqu'au banc de pierre où il s'assied.* Ah! ah! Léopold!

LOUISE, *les yeux au ciel.* L'ai-je donc retrouvé, mon Dieu!*

ROSE. Monsieur le baron, faut que j'vous embrasse!...

LA VOIX D'HORTENSE. Mais où donc peut être le baron?... (*Au son de cette voix, le Baron frissonne, Louise le regarde avec anxiété. — La nuit est à peu près venue.*)

LOUISE et LÉOPOLD, *ensemble.* Georges! mon père!

LE BARON, *éperdu.* Elle! que faire, mon Dieu! Et si elle me trouvait ici et qu'une crise vint à me reprendre!...

ROSE. Montrez-vous donc hardiment, monsieur le baron!

LE BARON. Laissez-moi! laissez-moi! (*Il sort du Clos-Fleury.*)

LOUISE. Ah! mon fils, il est perdu pour nous!

SCENE X.

LES MÊMES, HORTENSE, CARPENTIER, FRUCTUEUX.

HORTENSE, *un peu étonnée.* Ah! c'est vous, monsieur, et Rose?...

LE BARON. Rose m'a quittée... je ne sais où elle est... Mais je puis bien aller seul, il me semble! (*On entend chanter au dehors.*)

FRUCTUEUX. La Rose! ah! tenez, v'là son cortége qui vient la chercher!

SCENE XI.

LES MÊMES, VERTBOIS et GALOUBET *en tête d'un cortége assez nombreux composé de paysans et de paysannes endimanchées. La nuit est venue. Les jeunes gens marchent les premiers, puis viennent les femmes et les filles, enfin les vieillards. Les uns portent des flambeaux garnis de rubans; d'autres des bouquets, d'autres encore des rameaux verts. Sur un coussin garni de feuillage et porté par des jeunes filles, on voit une couronne blanche.*)**

CHOEUR.

AIR : *D'une ronde de moisonneuse, d'E. Juvin.*

LES JEUNES GENS.
En chœur, joyeux chanteurs,
Nous venons saluer la rosière :

* Louise, le Baron, Rose, Léopold.
** Léopold, Louise, assise, et Rose, dans le clos. Sur la place : Carpentier, Gaboulet, Fructueux, Hortense, le baron, Vertbois, et les chœurs en arrière.

Offrant à ses candeurs
Rameaux, fleurs
Et les vœux de nos cœurs !
LES PÈRES.
A vous, riants garçons,
De garder, d honorer sa chaumière,
De l'aider aux moissons
Aux doux sons
Des honnêtes chansons !
LES FEMMES.
Chaque femme, sœur, mère ou fille,
La voudra dans sa famille
Et l'hiver au foyer qui brille
Elle aura chaise d'honneur...
TOUS.
Bonnes gens de tout rang, de tout âge,
Font hommage
De leur cœur
A l'enfant au front pur, au cœur sage,
Du village
Blanche fleur !
Honorons ce cœur sage ;
Du village
C'est la fleur !

Pendant le chant de ce chœur, Galoubet a frappé à la porte de la cabane de Rose.

HORTENSE, *après le chœur*. La Rose n'est pas chez elle, n'est-ce pas ?
GALOUBET. Elle n'a répondu dans aucun idiôme !...
VERTBOIS. C'est singulier !... Elle sait bien qu'on doit venir la prendre...
LE BARON. Elle ne peut être loin...
HORTENSE, *avec intention*. Je le crois comme vous, monsieur le baron.
VERTBOIS, *appelant*. Rose ! la rosière !
ROSE, *répondant*. Me voilà !
HORTENSE. Elle était là, je m'en doutais ! (*Regardant le Baron.*) Et lui aussi, sans doute !...
VERTBOIS, *à part*. En voilà une qui m'aura donné du mal.
LOUISE. Allez donc, chère enfant !

REPRISE ENSEMBLE *et en sourdine, tandis que le dialogue continue.*

Bonnes gens de tout rang, de tout âge, etc.

LÉOPOLD, *retenant Rose*. Rose, je vais partir ; ma mère me permet de vous embrasser.
ROSE, *naïvement*. Embrassez-moi donc, monsieur Léopold, mais vite !
HORTENSE, *criant*. Allons donc, mademoiselle ! (*En disant ces mots, et ayant alors beaucoup de monde derrière elle, elle pousse la porte du clos et l'ouvre ; c'est à ce moment même que Léopold pose ses lèvres sur le front de Rose.*) Que vois-je !... (*Murmure. Le chœur est interrompu brusquement. Louise et Léopold sont rentrés après le baiser.*)
ROSE, *arrivant au milieu de la scène*. Eh ! quoi donc, mon Dieu ! *
GALOUBET. Vous demandez quoi ? malheureuse ! et vous vous laissez embrasser au moment même du couronnement de votre sagesse !...
ROSE, *balbutiant les larmes aux yeux*. Mais, mais je...
FRUCTUEUX. La mignote ne l'a pas fait exprès ! (*Il semble la consoler.*)
UNE PAYSANNE. Elle ne peut plus être rosière...
D'AUTRES VOIX. Non ! non ! non !
LE BARON. Mais cependant...
HORTENSE. Baron, laissons faire justice des fausses vertus ! et rentrons au château.
LE BARON. Mais je ne veux pas laisser ainsi cette pauvre enfant que...
HORTENSE, *à voix basse et avec force*. Si vous vous occupez d'elle en cette circonstance, monsieur, je vous abandonne pour jamais !... entendez-vous, pour jamais ! (*Le Baron semble prêt à se mettre en colère ; mais il se contient et se laisse entraîner.*)
FRUCTUEUX. Adieu, ma pauvre Rose !... (*On entend les violons du bal.*)
GALOUBET. Allons, retournons à la fête !
LES PAYSANS. A la fête !
VERTBOIS, *en s'en allant, à part*. Il était écrit que je ne la couronnerais pas ! (*Tout le monde se sépare en sortant par différents côtés. Rose va s'asseoir en pleurant au pied de sa chaumière, et lorsqu'elle est seule et qu'on n'entend plus que l'air de danse des violons de la fête. Elle dit en s'essuyant les yeux :*)
ROSE. Humiliée ! moi, Rosine-Marie-Joseph !... Ah ! lorsqu'il m'a embrassée, là, je l'ai bien senti, qu' je n' méritais plus l'amitié de la Vierge... (*Se laissant glisser à genoux.*) Notre-Dame des rosières, pardonnez-moi ! (*Le rideau tombe.*)

* Gaboulet, Carpentier, Fructueux, Rose, Hortense, le Baron, Vertbois, et le chœur en arrière.

ACTE TROISIÈME.

Un petit salon-cabinet à angles coupés. A gauche, premier plan, la porte de l'appartement d'Hortense; puis un bureau à tiroirs chargé de livres et de papiers, puis dans l'angle, la porte de la salle à manger. A droite, premier plan, une cheminée avec un bon feu et surmontée d'une pendule, et dans l'angle la porte de l'appartement du baron. Au fond, une fenêtre regardant la campagne dépouillée et ouvrant sur une terrasse qu'on voit se prolonger à droite et à gauche. Un guéridon, avec une lampe allumée.

SCÈNE PREMIÈRE.
HORTENSE, LE BARON.

(*Au lever du rideau, le Baron, assis dans un fauteuil entre la cheminée et le guéridon, et les pieds sur les chenets, lit un journal en buvant à petits coups sa tasse de café. Une cave à liqueurs est ouverte près de lui. Quittant sa lecture, le Baron prend un flacon, et après avoir regardé autour de lui s'il n'est point observé, il va verser du contenu dans sa tasse. A ce moment, Hortense entre brusquement par la première porte de gauche.*)

HORTENSE. Qu'est-ce que vous faites là ?

LE BARON, *tout confus.* Je... vous le voyez bien... je... j'allais mettre un peu de rhum dans mon café.

HORTENSE. Malgré ma défense ?

LE BARON. Votre défense... votre défense!... Eh! mais, alors, pourquoi me laissez-vous servir ces flacons ?

HORTENSE. Parce que je compte sur votre réserve, monsieur! Défendre qu'on vous serve des liqueurs, ce serait apprendre aux domestiques que vous pouvez en abuser.

LE BARON. C'est bien! Vous avez toujours raison.

HORTENSE. Souvent, du moins. Mais vous semblez m'en vouloir plus que si j'avais tort! Voyons, mon ami, je serais au désespoir de vous contrarier. Vous aimez le rhum? Eh bien! je vous en permets ceci. (*Elle en verse plein un petit verre.*)

LE BARON, *souriant.* J'aime assez le rhum, oui; mais je n'en eusse pas pris autant que vous m'en versez là (*Il va pour boire et s'arrête.*) Et cela me fait faire une remarque, c'est qu'il est inutile à vous de me gronder sans cesse sur ce que vous appelez mes excès de table, puisque vous finissez toujours par me les permettre.

HORTENSE, *après un moment.* Je n'ai le droit, monsieur, ni de permettre, ni de défendre. J'ose croire, pourtant, que j'arrive quelquefois assez à propos... J'ose croire aussi que, sans mes avis, les crises dont vous souffrez seraient plus fréquentes...

LE BARON, *replaçant son verre plein sur la table.* Vous avez encore raison. Décidément, je ne veux plus toucher aux liqueurs avant d'être parfaitement guéri.

HORTENSE, *un peu étonnée.* Ah!

LE BARON. Guéri par vos soins, Hortense, par vos excellents soins !

HORTENSE. Et par ceux de Rose.

LE BARON. Hortense, ne me dites rien de Rose, je vous prie...

HORTENSE, *s'animant.* En vérité! tout est changé ici, à commencer par vous! Tout marche à l'envers! Et les maîtres vont bientôt servir les domestiques, dans cette maison où une fille méprisée maintenant par tous, est devenue souveraine !...

LE BARON. Hortense!

HORTENSE, *continuant.* Vous en avez fait votre élève! Toutes les nuits vous prenez sur votre sommeil pour lui enseigner le beau langage, l'orthographe, et... je ne sais quoi, dont elle n'a que faire!... La commune lui ayant retiré sa cabane.

LE BARON. Allons, assez !

HORTENSE. Vous lui avez donné une chambre au château, comment donc! Aussi, ce n'est plus la Rose débraillée de jadis qui laissait l'air du temps souffler sur ses épaules...

LE BARON. Vous étonneriez-vous qu'avec un peu d'éducation que j'ai pu lui donner, le sentiment de la pudeur soit venu à cette enfant?

HORTENSE. Voulez-vous que je vous dise? Eh bien! si elle l'ignorait, ce sentiment; si la pudeur lui est venue comme ça un beau jour, c'est que l'amour lui était venu la veille.

LE BARON. Allons donc !

HORTENSE. Oh! je suis femme ! et en cela, ce n'est pas moi qui me trompe !

LE BARON. C'est assez sur elle ! C'est le dernier ami que vous ayez laissé auprès de moi, et je ne veux pas y renoncer.

HORTENSE, *à part.* Je sens qu'il m'échappe! Oh! je vais bien voir ! (*Haut, et venant s'appuyer au fauteuil du baron.*) Baron ?

LE BARON. Vous tenez donc bien à m'empêcher de lire mon journal ?...

HORTENSE, *doucereusement.* Je vous ai déjà demandé comme une preuve d'amitié, de confiance, un médaillon, que...

LE BARON. Ah! oui, oui, je sais... Malheureusement ce médaillon... ce médaillon... je... je l'ai perdu!

HORTENSE. Ah !... Et... où croyez-vous l'avoir perdu?

LE BARON. Je ne sais pas, moi. Je l'ai perdu, je ne l'ai plus, voilà tout !

HORTENSE, à part. Il me trompe! Oh! on l'a changé... Si je savais qui !... (Haut.) Mon ami, écoutez-moi?

SCÈNE II.
LES MÊMES, FRUCTUEUX.

FRUCTUEUX, paraissant à gauche. (Il est étrangement habillé, moitié comme un paysan et moitié comme un bourgeois, coiffé d'un chapeau de paille à larges bords et chaussé de souliers vernis. Sur son habit bleu à boutons d'or est suspendu un carnier de grosse toile, etc.) Ma cousine et monsieur le baron, la compagnie, c'est pour vous dire que monsieur le maire est en bas.

LE BARON. Vertbois! lui!

FRUCTUEUX. Et qu'il m'a dit, en venant, de vous dire, qu'il venait vous dire... de venir... c'est-à-dire, monsieur le baron, qu'il vous invoque à une partie de billard.

HORTENSE, au Baron. Irez-vous?

LE BARON, il se lève. Certainement !... J'y vais !...*

FRUCTUEUX. Et même qu'il joue avec soi-même en vous attendant.

HORTENSE, au Baron. Vous savez cependant que nous sommes à la veille de Noël... Me ferez-vous la grâce de m'accompagner à la messe de minuit?

LE BARON. Oh! nous verrons! Nous allons voir...

FRUCTUEUX. Il commence à tomber de la neige... que j'en ai déjà mes escarpins trempés!

LE BARON. Ce pauvre Fructueux, je l'ai vu tantôt, en habit de mal et en souliers vernis; il promenait gravement sa vache Catheau...

FRUCTUEUX. Dame! monsieur le baron, ça aime l'air, les bestiaux, comme vous et moi; et l'hiver, quand le temps le permet... après ça, si je promène ma vache en habit cérémonieux et en chaussures luisantes, c'est que je n'ai pas même de quoi acheter une blouse et des sabots! Ma cousine ne veut rien me donner pour ça... Et elle ne veut pas que je travaille! J'ai une maison à moi, et elle aime mieux que ça ne me rapporte rien que de...

HORTENSE, l'interrompant. Comment as-tu racheté Catheau, alors?

FRUCTUEUX. Avec mes économies... (à part) et celles de Rose!

LE BARON, lui donnant de l'argent. Eh bien! tiens, Fructueux, voilà de quoi t'acheter des habits à ton goût, mon garçon!

FRUCTUEUX. Ah! merci bien, monsieur le baron! Crédié! voilà un trait à la Napoléon! C'est que, voyez-vous, j'ai mis dans mon idée de rentrer dans ma vie de paysan, et je veux me désaccoutumer au plus tôt de toutes vos manières de bourgeois, et de vos habits, et de vos...

LE BARON, lui frappant sur l'épaule. Tu es un brave garçon, Fructueux!

HORTENSE. En voilà assez !* Monsieur le baron, votre cher magistrat vous attend, il va croire que je vous retiens... n'augmentez pas, je vous prie, la rancune qu'il me garde.

LE BARON. Je descends; au revoir, Fructueux.

FRUCTUEUX. Au revoir, monsieur le baron! (Le Baron lui tend la main, puis passe devant Hortense sans lui rien dire.)

HORTENSE, comme pour le rappeler. Georges!

LE BARON, se retournant et froidement. Qu'est-ce?

HORTENSE. Rien! (Le Baron sort par la gauche, deuxième plan.)

SCÈNE III.
HORTENSE, FRUCTUEUX.

HORTENSE, à part, en tombant assise à gauche, près du bureau. Ah! mon règne est fini. (Elle s'arrête à rêver.)

FRUCTUEUX. Mon Dieu! mon Dieu! je vais donc r'avoir une blouse sur mes épaules! j'vas donc sentir mes pauvres pieds dans les sabots! je vas-t-y respirer, mon Dieu! (Appelant.) Cousine !... (Plus fort.) Cousine! (Hortense le regarde.) Croyez-vous que la mère Druon soye couchée?

HORTENSE. Pourquoi?

FRUCTUEUX. C'est qu'elle vend des blouses... et j'irais me faire beau tout de suite, moi!

HORTENSE. Pauvre Fructueux !... (Se levant.) Dis-moi, tu n'as jamais entendu dire qu'on ait revu dans le pays ce fils du baron, ce mauvais sujet...

FRUCTUEUX, avec un peu d'embarras. Lui ce... vous voulez dire... ah! oui... Non! on ne l'a pas revu !...

HORTENSE, rentrant dans sa pensée. Ce n'est donc pas une influence qu'il subit! Allons! allons! il faut abdiquer, car j'ai beau faire! je sens bien que je serais plus heureuse avec Fructueux pour mari... (Avec douceur.) Fructueux! voilà longtemps que tu ne m'as parlé de ton amour!

FRUCTUEUX, avec transport. Ah! Catherine !... (S'arrêtant brusquement et à part.) J'allais-t-y être bête !...

HORTENSE. Eh! bien?

FRUCTUEUX, tranquillement. Je ne vous ai plus rien dit d'amoureux, parce que je... je n'avais plus rien à vous dire.

HORTENSE. Comment?

FRUCTUEUX, cherchant ses mots. Dame! écoutez donc; tout s'use à la fin! Et d'ail-

* Le Baron, Fructueux, Hortense.

* Le Baron, Hortense, Fructueux.

leurs, j'ai bien vu que je ne serais jamais votre affaire. Vous voulez t'être une grande dame et vous le serez, un jour ou l'autre, n'importe comment ! Moi, j'ai mes goûts que vous savez ; et, comme il m'est bien plus aisé de les contenter, eux, que de contenter les vôtres...

HORTENSE, *blessée*. Et qui aimez-vous maintenant ? Serait-ce... la chanvrière ?

FRUCTUEUX. Eh ben, oui, la chanvrière !

HORTENSE, *à elle-même et en marchant à pas saccadés*. Quoi ! il ne me resterait pas même... lui ! un ami d'enfance ! lui ! que je croyais à moi ! que j'aime malgré moi !

FRUCTUEUX, *à part*. Crédié ! la v'la-t-y interloquée ; bigre ! la Chante-Toujours m'avait conseillé bellement.

HORTENSE. Fructueux !

FRUCTUEUX. Catherine !

HORTENSE, *parlant comme une paysanne et s'appuyant des deux mains sur l'épaule de Fructueux*. T'souviens-tu que d' not' temps, la veille d' la Noël, au soir, avant la messe, on buvait toujours une goutte d'anis en dépichant une flamique ?

FRUCTUEUX. Ah ! grande coquette, si je m'en souviens ! queu gai moment qu' c'était donc ! (*Hortense emplit deux verres de liqueur.*)

HORTENSE. V'là d' l'anis, mon petiot ! Y n' manqu' que la flamique...

FRUCTUEUX. Y manque aut' chose, oublieuse que t'es ! Y manque ton fin cœur de ce temps-là !

HORTENSE. Et l' tien d' même, pis qu' t'aime la Rose !

FRUCTUEUX. Moi !

HORTENSE. Oui, toi ! (*Le regardant doucement.*) Ose donc dire un brin qu' tu n' l'aimes point et que tu ne la préfères point à la pauv' Catherine, même quand Catherine veut r'parer la peine qu'a t'a faite et d'venir ta femme.. dès que tu voudras.

FRUCTUEUX. Catherine ! Catherine, vous n' vous fichez point d' moi ?

HORTENSE. J' parle franc, mais si tu ne m'aimes pas ..

FRUCTUEUX. Ah ! taisez-vous ! laissez-moi tranquille ! allez-vous-en ! Non, *je veux dire... quoi ! vous, ma femme !

HORTENSE. Oui, Fructueux, nous serons fermiers, tu m'aimeras bien et ça me consolera.

FRUCTUEUX. Et avec ça, Catheau ! les champs ! le grand air ! des blouses bien larges et...

HORTENSE. Pourquoi donc disais-tu ne plus m'aimer ?

FRUCTUEUX, *s'arrêtant et à part*. Ne vendons pas la *Chante-Toujours !* (*Haut.*) Par jalousie.

HORTENSE. Comment ?

FRUCTUEUX. Il y a quinze jours, est-ce que vous n'avez pas reçu dans votre chambre un homme que la nuit qu'il faisait a empêché de reconnaître ! Et même, comme le baron pouvait le voir en remontant ici, ne l'avez-vous pas fait cacher un instant là, sur la terrasse, où je l'ai vu, moi, du dehors !...

HORTENSE. C'était Carpentier...J'avais mes raisons pour n'être point vue allant chez lui, et j'avais à lui parler secrètement de mes intérêts...

FRUCTUEUX, *dont le front se rembrunit*. Vos intérêts...

HORTENSE. Je te comprends, Fructueux ; mais, sois tranquille ; mon plan est honnête ; ma retraite sera honorable.

FRUCTUEUX. Mais... si le baron ébloui veut vous r'tenir ?

HORTENSE. S'il veut me retenir ?... (*Un peu d'hésitation.*) Allons ! (*Elle continue de lui parler bas. Entrée de Galoubet par la gauche, il porte son fusil en bandoulière.*)

SCÈNE IV.

LES MÊMES, GALOUBET.

GALOUBET, *sans être vu*. Quel chien de temps ! (*Il va pour secouer la neige qui le couvre.*) Qu'est ce qu'ils complotent donc la en catimini ? (*Arrivant près du guéridon et apercevant les verres restés pleins.*) Tiens ! un détachement du royal-liqueurs ! joli régiment ! je veux le passer en revue ! (*Il boit un premier verre et écoute.*)

HORTENSE. Tandis que je serai à la messe avec mes convives, fais préparer le réveillon là... (*Elle montre la droite.*)

GALOUBET. Un réveillon ! (*Avec un geste de fureur, il boit un deuxième verre.*)

HORTENSE. On servira ici... les meilleurs vins !... voici mes clefs.

FRUCTUEUX. Oui, ma femme !

GALOUBET. Sa femme ! (*Il boit le troisième verre.*)

HORTENSE. Tu viendras ensuite me rejoindre à l'église.

FRUCTUEUX. Oui, Catherine, oui, mon idole !...

GALOUBET, *parlant aux verres*. Je suis content de vous, mes braves, nous nous reverrons !

HORTENSE, *se retournant*. Galoubet !... vous écoutiez ?

GALOUBET, *ironiquement*. Moi, madame Giraud, je serais cap'ble...

HORTENSE. Qu'importe ! mon cher Jean, je vous ai confié une certaine cassette à moi, veuillez avoir l'obligeance de me la remettre... aujourd'hui ; j'en ai besoin ce soir même.

GALOUBET. Oui dà ! (*Plus bas en mon-*

* Fructueux, Hortense.

tirant Fructueux.) Faites-moi la grâce de renvoyer cette fine fleur de crétinisme.

HORTENSE. Hein? lui? pourquoi donc? vous pouvez parler devant lui, mais non; pour le moment, je ne veux de vous que ma cassette.

GALOUBET, *retournant au guéridon.* Laissez-moi dire un mot au commandant flacon. (*Il prend un flacon dans la cave et se verse un verre de liqueur qu'il boit, puis un autre qu'il laisse plein.*)

FRUCTUEUX, *s'appuyant à la cheminée.* Voulez-vous accepter quelque chose, garde champêtre?

GALOUBET, *sans l'écouter, revenant à Catherine, et parlant avec solennité.* Vous et moi, madame, nous sommes deux profonds politiques, mais les plus grands hommes ont leurs faiblesses. Le maréchal de Saxe ne pouvait supporter la vue d'un lièvre; moi, je ne puis supporter la vue d'un verre plein. (*Il boit.*)

HORTENSE, *impatientée.* Ah çà, Galoubet !

FRUCTUEUX. Laissez-le donc dire, cousine ! il m'amuse, moi !

GALOUBET. Est-il laid quand il s'amuse ! (*Reprenant l'air grave.*) Dès que j'ai su, madame, que vous n'étiez baronne que.... temporairement, je vous ai promis in petto que je vous épouserais; dès lors, nouveau Sixte-Quint, j'ai dissimulé et j'ai attendu. Un jour, vous m'avez donné des armes contre vous, au cas où vous refuseriez de tremper dans mon plan; vous m'avez livré une cassette à laquelle vous tenez fort, je vous déclare que je ne la rendrai qu'à ma femme?

FRUCTUEUX, *s'écriant.* Hein !...

GALOUBET, *finement.* La voulez-vous?

HORTENSE. Ta femme, moi !

FRUCTUEUX, *répétant.* Ta femme ! moi !

HORTENSE. Moi, la femme d'un ivrogne, qui veille si bien aux intérêts de celle qu'il dit aimer, qu'il est maintenant gris toutes les nuits. C'est de la démence ! est-ce que je mens... voyons, et cependant, ne m'as-tu pas juré cent fois...

GALOUBET, *commençant à chanceler.* J'ai eu tort. Les serments c'est de la graine d'infidélité ! Voyons, Hortense, abrégeons !

HORTENSE, *appuyant.* Oui, abrégeons; si tu ne m'obéis pas cette nuit même, toi, chassé déjà d'une commune comme maître d'école, je te fais chasser de celle-ci comme garde champêtre !

FRUCTUEUX. Nous te faisons chasser comme Sixte-Taquin, garde champêtre.

HORTENSE. Décide-toi donc, et si tu le fais de bonne grâce, tu épouseras Rose quand tu le voudras.

FRUCTUEUX, *à part.* Quand elle voudra...

GALOUBET, *amèrement.* Ah ! Hortense ! cruelle Hortense !

HORTENSE. Va me chercher mon coffret !

GALOUBET. Vous l'aurez, mais je demande à réfléchir !

HORTENSE. Réfléchis vite !... je te laisse à toi-même !

FRUCTUEUX. A toi-même !..., crédié ! vas-tu t'ennuyer !...

GALOUBET. Hein?

HORTENSE, *à Fructueux.* Toi, occupe-toi du souper. (*Elle entre à gauche, premier plan.*)

FRUCTUEUX. Au revoir, Sixte-Coquin ! (*Il sort par la porte de gauche, deuxième plan.*)

SCÈNE V.
GALOUBET, *puis* ROSE.

GALOUBET. Calomnie infâme ! Gris toutes les nuits !... L'étais-je, la nuit d'il y a quinze jours, quand j'ai vu un homme là, sur la terrasse... J'avais envie de tirer ; mais en reconnaissant Catherine qui ouvrait cette fenêtre, j'ai abaissé mon canon. Bête que je suis ! c'était le Fructueux ! Ah ! bigre ! j'y veillerai, maintenant... et la prochaine fois... (*Entrée de Rose. Son costume, sa manière de parler son maintien ne sont plus les mêmes qu'aux actes précédents. Sa robe encore grossière est fermée jusqu'au cou, ses cheveux sont mieux noués; elle tient relevé des deux mains son tablier plein de chanvre.*) Tiens ! c'est vous, mignote? Est-ce la belle Hortense qui vous envoie céans?

ROSE, *doucement.* Non, Galoubet, c'est monsieur le baron qui m'a dit, en jouant au billard, qu'il allait monter me donner ma leçon. Je vais achever de tiller mon paquet de chanvre en l'attendant. (*Elle s'assied près du bureau et se met à travailler.*)

GALOUBET. Vous n'allez donc pas à la messe de minuit ?

ROSE. On me regarde si mal maintenant à l'église, que je n'y vais plus qu'aux heures où elle est vide !

GALOUBET, *dont l'ivresse commence à se manifester, regarde Rose de côté.* Qu'est-ce qui dirait que cette créature est un type de dépravation?... Elle n'est pas précisément repoussante ! elle est même... et ma foi... je... (*Haut et fort, avec un hoquet.*) Chanvrière !...

ROSE, *relevant la tête.* Galoubet !

GALOUBET. Vous jouissez actuellement d'une réputation exécrable ! Depuis votre déchéance comme rosière... ça n'a fait que croître et enlaidir. Enfin, vous ne pouvez plus être poursuivie que par un coquin ! Voulez-vous m'épouser ? vous me pervertirez peut-être... Ah ! dame, oui ; mais par là, morbleu ! je vous épouse... dans dix minutes, si ça vous va.

ROSE. Je vous remercie, Galoubet ! mais je ne me crois pas digne de vous !

GALOUBET. Non ! certes, non ! mais je suis dans un jour de générosité ! Eh ! mon Dieu, oui !... Vous aurez une belle dot, nous la ferons encore grossir par mon ingrate elle-même en la menaçant de remettre au baron la cassette aux donations...

ROSE, *se levant intriguée*. De quelle cassette parlez-vous ?

GALOUBET, *s'échauffant*. Ah ! c'est que vous ne savez pas... mais je commence à avoir bien soif ! Il neige toujours, n'est-ce pas ? C'est ça qui m'altère !

ROSE, *avec intérêt*. Dites-moi donc ce que...

GALOUBET Attendez que je parle au colonel carafon ! (*Il retourne aux liqueurs.*) Voyez-vous, petite, c'est que... Palsembleu ! êtes-vous jolie ce soir !... C'est que Catherine m'a confié une cassette, à moi !... Naturellement, je l'ai ouvert, et j'y ai trouvé toutes les donations que le baron lui a faites... Il lui a tout donné c't'homme ! tout ce qu'il a... (*un hoquet*) ce qu'il avait !

ROSE. Et vous l'avez chez vous, cette cassette ?

GALOUBET. Oui ! et je me vengerai ! Ah ! elle ne veut pas m'épouser, et elle me redemande la boîte cette nuit ! Qu'elle me la paye, alors ! qu'elle nous la paye, puisqu'elle veut nous unir !...

ROSE. Que comptez-vous faire ?

GALOUBET, *s'enflammant toujours davantage*. Écoutez, ma jolie future ! Venez chercher le lopin chez moi ! Rendons-nous y chacun d'un côté pour ne pas éveiller les soupçons, et... Etes-vous donc jolie ! sambleu ! morbleu ! vertubleu ! nous ferons notre plan ! Est-ce convenu ? (*A part.*) Moi aussi, j'aurai mon réveillon !...

ROSE. Mais je n'ose... Et le baron qui va monter pour ma leçon !...

GALOUBET. Prenez-la à bride abattue, votre leçon ! Si vous arrivez à ma cabane avant moi, prenez la clef dans le coin de la fenêtre à gauche. C'est-il dit ?

ROSE. Eh bien ! oui ; mais partez, Galoubet, le baron va venir.

GALOUBET. Je m'en vais ! (*A part.*) Elle m'aime ! et elle viendra ! Faisons part de ma joie au royal-liqueurs ! (*Il va au guéridon.*) Tiens ! la caserne est vide ! (*A part, et montrant la gauche.*) Ah ! tu me le payeras cher, Catherine ! et quand à ton amant, malheur à lui ! (*Haut.*) À bientôt, Colombe, perle, étoile, zéphir ! (*Il disparaît en trébuchant.*)

SCENE VI.

ROSE, *seule*.

Oh ! oui, j'arriverai avant lui ! ma conscience me dit que ce ne sera point mal à moi de reprendre ainsi ce qui a été extorqué à monsieur de Chastel... Mais pourquoi donc, malgré cet espoir, et quand je me sens la conscience si heureuse, suis-je si triste encore ?

Air de la Vache perdue (Scudo).

Je ne suis plus la fille
Qu'on entendait souvent
Chanter dès l'heure où brille
Le gai soleil levant
Souvent j'ai peur de lire
En moi,
Et ma gaîté soupire
Pourquoi !
Ah ! pourquoi ?

SCÈNE VII.

ROSE, LÉOPOLD.

LÉOPOLD, *en paraissant*. Rose !

ROSE, *cachant précipitamment le médaillon qu'elle a tiré de son sein en chantant, et toute troublée*. Vous, monsieur Léopold !

LÉOPOLD. Votre chanson ne m'a-t-elle pas appelé ?

ROSE, *secouant la neige dont il est couvert*. Non ! vous voyez que monsieur le baron n'est pas là... Je suis seule, et...

LÉOPOLD. En vous entendant, Rose, vous dont la voix est le signal qui m'appelle la nuit près de mon père... je suis venu vite...

ROSE. Eh bien ! pendant que nous sommes seuls, M. Léopold, et que... la gouvernante est absente, dites-moi où en est le traitement que vous faites suivre en cachette à monsieur le baron ; dites-moi si la guérison est prochaine ?...

LÉOPOLD. Hélas ! Rose, je n'ose guère y compter encore. Ce soir, pourtant, vous me voyez joyeux et impatient de voir mon père ; je vous apporte des nouvelles de Paris, qui, j'en suis sûr, hâteront sa délivrance... A lui la primeur, Rose ! plus tard vous saurez ce dont il s'agit.

ROSE. Moi aussi je ménage quelque chose que vous saurez plus tard... Allez, allez monsieur Léopold, j'ai la foi dans l'âme que nous réussirons ! C'est si bien à vous d'être allé comme ça à Paris reprendre vos études de médecin, celles surtout qui devaient vous donner les moyens de traiter la maladie de monsieur le baron !

LÉOPOLD. Grâce à vous, chère enfant. Comment aurais-je pu sans vous pénétrer jamais ici ? Mais aux moments favorables, votre douce voix m'avertit, je parviens jusqu'à la chambre de mon père... (*il l'indique*) et là, invoquant le ciel et la science...

ROSE. Je vous dis que le bon Dieu est pour nous ! Les larmes de votre mère lui auront attendri le cœur !...

LÉOPOLD. Ses larmes et vos prières, cher petit ange ! (*Il s'approche d'elle en la regardant avec ivresse, elle se retourne vivement vers le bureau où elle s'assied en prenant une plume.*)

ROSE. Je n'aime pas qu'on me dise de ces mots-là, vous savez, monsieur !

LÉOPOLD, *se remettant et s'approchant*. Que faites-vous donc à ce bureau, mademoiselle Rose ?

ROSE. Tenez, je vous en prie, allez vous asseoir là-bas ! (*Elle indique le côté de la cheminée.*) Et laissez-moi finir le devoir que monsieur le baron m'a donné à faire...

LÉOPOLD, *allant s'asseoir près du feu*. Voyez... comme l'ancien mauvais sujet est devenu obéissant.

ROSE. Oui, vous êtes changé; moi aussi, dit-on. A ces leçons, qui servent de motif à monsieur le baron pour veiller avec moi la nuit, j'aurai gagné un peu d'instruction.

LÉOPOLD. En effet, vous parlez bien, vous ne dites plus *cueiller de la tuyole* pour cueillir du tilleul; vous n'appelez plus l'aubépine *de la noble épine*; mais vous avez changé, Rose, encore autrement; jadis, votre visage était frais comme une touffe de roses, il est pâle maintenant comme un bouquet de lys. On vous avait nommée la Chante-toujours, et l'on dit de vous aujourd'hui, Rose ne chante plus !...

ROSE, *rêveuse*. Oh ! ce n'est pas la grammaire qui fait ces changements là ?

LÉOPOLD, *se levant*. Qu'est-ce donc ?

ROSE. C'est... je ne sais pas. (*Un court silence, à la suite duquel leurs regards se rencontrent et se détournent brusquement.*)

LÉOPOLD. Mademoiselle Rose ?

ROSE, *très-bas*. Monsieur Léopold ?

LÉOPOLD. A la fin de la nuit dernière, pour ne pas réveiller ma mère en rentrant, je m'en suis allé sommeiller dans la grange... et là j'ai, ma foi, fait un rêve bizarre! et charmant ! Voulez-vous me laisser vous le dire ?

ROSE. Dites ! j'écrirai en vous écoutant.

LÉOPOLD. Ce n'était ni le jour ni la nuit, mais une heure de crépuscule où le ciel bleu était rayé d'or. Je me trouvais... avec ma mère, mon père et leurs anciens amis... (*Ici commence piano la musique d'orchestre dans laquelle passent successivement les motifs du chant de la Saint-Pierre, de la scène de l'Angelus et du chœur et du chemin de la sière.*) dans une étrange église... il me semble que les autels, c'étaient des buissons, et les piliers, des arbres touffus; au-dessus des fronts nus, pas de voûte ! si bien que dans le temple il tombait une pluie odorante ; il pleuvait des fleurs, des roses !... (*S'interrompant.*) Croyez-vous aux rêves, vous, mademoiselle ?...

ROSE. C'est selon !... Allez toujours !

LÉOPOLD. Des cloches sonnaient ; et tandis que leur sonnerie chantait votre chanson. (*Il fredonne avec la musique :* Sonnez cloches de mon village !...) Je regardais entre les piliers, les arbres, veux-je dire... (*S'interrompant encore.*) Oh ! c'est bien fantasque, les rêves !... je voyais d'un côté le Clos-Fleury et ce pauvre garçon Fructueux qui, avec la femme qui nous fait tant de mal, travaillait à la terre... et de l'autre côté, je vous voyais, vous Rose dans votre chènevière ! En vous regardant je me sentais monter aux yeux des larmes qui vous rendaient brillante...

ROSE, *d'une voix un peu émue*. Votre mère était près de vous, avez-vous dit ; ne parlait-elle point ?

LÉOPOLD, *s'animant peu à peu*. Attendez ! Je vous regardais encore, et la pluie de roses tombait toujours, quand mon père me dit : « Prends l'épouse que je te donne ! » et, entre ma mère souriante et moi, je vis une femme voilée... Alors je souffris beaucoup, je vous montrais de la main et je voulais parler, mais dans les rêves, et comme sans doute, mon père dans la réalité) j'étouffais ! et je ne pouvais parler. Je voulais seulement dire votre nom, je ne le pouvais pas ! Et la pluie de roses tombait toujours ! et dépéré, je pris en tremblant une de ces roses qui jonchaient l'église et je la serrai contre ma bouche en regardant mon père, ce que voyant, ma mère découvrit la femme voilée et... (*Il s'arrête.*)

ROSE. Et... après ?

LÉOPOLD, *avec feu*. Rose ! je vous laisse voir que je vous aime ! Rose, m'aimez-vous ?

ROSE, *effrayée et se levant*. Moi ! moi ! vous me demandez ?...

LÉOPOLD, *plus fort*. M'aimez-vous ?

ROSE. Je ne dois pas,.. je ne sais pas...

LÉOPOLD. Ah ! vous m'aimez.

ROSE. Non, monsieur Léopold, je ne peux pas vous aimer !... (*Elle baisse la tête et retombe assise.*)

LÉOPOLD, *avec désespoir*. Oh ! pourquoi donc, alors, était-ce vous, cette femme dont ma mère souleva ce voile dans mon rêve menteur ?

SCÈNE VIII.
LES MÊMES, LE BARON.

LE BARON, *gaiement*. Vous êtes là tous les deux, mes enfants ?*

* Rose, le Baron, Léopold.

LÉOPOLD *et* ROSE, *parlant ensemble et chacun à part d'une voix étouffée.* Ses enfants!..

LE BARON. Qu'avez-vous donc? Et que faisais-tu là, toi, mes grands yeux?...

ROSE, *encore troublée.* Vous voyez, monsieur le baron, j'écrivais... je,.. (*Elle se lève.*)

LE BARON. Vous causiez!... librement!... comme chez vous!... On voit bien que la maison nous appartient en ce moment, grâce à la messe de minuit! Aussi le maire et moi nous nous en sommes donné, comme deux enfants! L'ai-je assez battu!.. Enfin, comme il l'avait promis, il est parti; il arrivera pour l'*Ite missa est.* Mais je crois qu'on le ramènera, car j'ai surpris je ne sais quels fumets de réveillon...

ROSE, *qui, ainsi que Léopold, s'est remise pendant ce qui précède.* Alors, monsieur le baron, vous ferez bien de congédier tout de suite monsieur Léopold...

LÉOPOLD, *vivement.* Non, non, ce que j'ai à dire ce soir à mon père ne peut se remettre.

LE BARON. Parle, mon enfant.

ROSE. Moi, je me retire...

LE BARON. Reste donc, mignote!...

ROSE. Non, non, monsieur le baron, je sors, il le faut!

LE BARON. Quoi! lorsque je te prie de rester...

ROSE, *regardant la pendule.* Pardonnez-moi! Mais je crains d'avoir déjà manqué l'heure...

LE BARON, *souriant.* D'un rendez-vous, en pleine nuit?

ROSE. Oui, monsieur le baron. (*Elle se dirige vers la terrasse.*)

LÉOPOLD, *à part.* Qui donc l'attend?

LE BARON. Laissons-la aller à son rendez-vous... (*Léopold la suit des yeux jusqu'à ce qu'elle soit disparue par la terrasse.*)

SCÈNE IX.

LE BARON, LÉOPOLD.

LE BARON, *s'asseyant près du bureau.* Je t'écoute, Léopold... (*Il lui montre un siège.*)

LÉOPOLD, *à lui-même.* Je suis un insensé!... (*Haut.*) Mon père, depuis que je suis revenu de Paris, avec la ferme volonté de vous guérir et que vous m'avez permis de l'essayer, j'ai fait tout ce que vous avez voulu. Pour venir interroger vos maux, je me suis caché, moi, votre fils, comme un malfaiteur; selon vos désirs, dans nos entrevues, je me suis abstenu de parler de ma mère, et c'est vous-même qui, cédant parfois à de bons mouvements de cœur, m'avez le premier parlé d'elle!

LE BARON. Tout cela est vrai, mon fils!...

LÉOPOLD. De votre côté, vous m'avez prouvé une confiance dont je me sens ému chaque fois que je vous retrouve; vous vous êtes livré à mes soins comme à ceux d'un savant docteur! Lorsque les premiers essais d'un jeune praticien peuvent être si dangereux, vous avez consenti...

LE BARON. Eh bien! Léopold?

LÉOPOLD. Eh bien! mon père, je veux aussi guérir votre âme, et j'espère le pouvoir...

LE BARON. Que vas-tu m'apprendre?

LÉOPOLD. Je vous ai dit qu'à Paris un grand médecin avait dirigé les études que j'ai reprises. La reconnaissance que cet ami m'inspira me fit un jour épancher mon cœur dans le sien, et lui dire le but de mes impatientes études.

LE BARON. Cela était-il bien nécessaire que...

LÉOPOLD. Cela, mon père, était nécessaire aux dispositions de cette puissance qu'on blasphème en l'appelant hasard, car son nom c'est Providence.

LE BARON. Parle donc!...

LÉOPOLD, *observant l'effet de ses paroles.* Il y a huit ans, mon ami reçut le dernier soupir d'un homme blessé mortellement en duel par... par vous, mon père...

LE BARON. Que dis-tu?

LÉOPOLD. Le mourant, à sa dernière heure, voulut vous écrire... Dépositaire de cette lettre, mon ami vous chercha, mon père; mais déjà, comme ma mère de son côté, vous aviez disparu...

LE BARON. Et cette lettre?

LÉOPOLD. Cette lettre égarée, mon ami la croyait perdue; mais il a pu la retrouver, me l'envoyer, et...

LE BARON. Cette lettre?...

LÉOPOLD. La voici!... (*Il lui présente un papier ouvert.*)

LE BARON, *après un court silence plein d'émotion.* Mon malheur, mes regrets, mes larmes secrètes, l'asservissement dans lequel j'ai vécu, tout, tout est sorti de cette écriture; je la reconnais bien! et je ne puis lire! Tiens, lis, toi!

LÉOPOLD, *lisant*: « Monsieur le baron de
» Chastel, maintenant que j'ai soutenu ma
» fanfaronnade jusqu'à la mort, et que les
» imbéciles ne m'envieront plus mes bonnes
» fortunes, je trouve de bon goût de me dé-
» mentir. Je n'ai jamais obtenu de madame
» la baronne de Chastel que des dédains, et la
» dernière lettre que je lui ai écrite est une
» plaisanterie, dont je meurs. » (*Il rend le papier au baron.*)

LE BARON. Oh ! j'ai calomnié un ange !... mais elle me pardonnera ?...

LÉOPOLD. Voilà longtemps, mon père, qu'elle vous a pardonné... J'étais sûr de votre cœur, j'ai indiqué à ma mère le chemin que je prenais chaque nuit et... elle est là.

LE BARON. Là ! oh !... allons... allons. (*Il se dirige vers la porte. — On entend alors la voix d'Hortense.*)

HORTENSE. Eh bien, tout est-il prêt ?

LE BARON, *tressaillant*. Elle ! (*Montrant la droite à Léopold.*) Va rejoindre ta mère, et attends.

SCÈNE X.

LE BARON, HORTENSE, *puis* VERTBOIS *et* CARPENTIER, *puis* FRUCTUEUX, *puis* ROSE, *puis* GALOUBET.

HORTENSE. Mon cher baron, bonsoir et bonjour !

VERTBOIS *et* CARPENTIER, *entrant*. Monsieur le baron, je...

LE BARON. Messieurs...

HORTENSE. Il ne devrait pas y avoir de réveillon pour les païens qui ne vont pas à la messe de minuit ; mais je suis si bonne... (*Parlant devant la porte de gauche restée ouverte.*) Servez ! (*Entrée de Fructueux.*) Comment ! voilà ta toilette ! Es-tu fou, voyons ?

FRUCTUEUX. Oui, cousine. C'est-à-dire que j'ai été réveillé la marchande de blouses, et... (*Deux Domestiques apportent une table servie et rangent les autres meubles.*)

HORTENSE. Placez-vous donc messieurs.

VERTBOIS. N'est-ce pas, Carpentier, que voilà un joli point de vue ?...

CARPENTIER. Monsieur le maire, je... et pourtant si... mais, malgré moi, je...

VERTBOIS. Madame, votre réveillon réveillerait Sardanapale et Cambacérès !

HORTENSE. Oh ! mon dessert méritera mieux encore vos compliments. (*Elle va pour s'asseoir.*)*

LE BARON. Hortense ! ne vous mettez pas à table aujourd'hui... (*Marques d'étonnement.*) Sonnez pour qu'on mette un autre couvert.. Messieurs, je vous annonce deux autres convives... (*L'étonnement redouble.*)

HORTENSE. Qu'est-ce que cela veut dire ?

LE BARON. Eh bien, vous ne m'écoutez pas ! Les rôles sont-ils donc si changés ici que ce soit à moi de faire le domestique ?... Soit !... j'annoncerai, alors. (*Allant ouvrir la porte à droite.*) Monsieur Léopold de Chastel. (*Léopold paraît et entre.*) Madame la baronne de Chastel.

* Fructueux, debout, Vertbois et Carpentier derrière la table, Hortense, le Baron.

LOUISE, *entrant et se jetant dans ses bras*. Mon ami !**

HORTENSE, *à elle-même*. Ah ! tant d'humiliations ! et je m'abandonnais à la générosité !.. j'allais tout lui rendre, tout ! (*Haut.*) Monsieur le baron, en me donnant des ordres, vous n'avez oublié qu'une chose, c'est que je suis ici chez moi !

LE BARON, *furieux*. Chez vous ?

HORTENSE. Vous n'avez donc plus de mémoire ?

LE BARON. Chez... (*La colère lui ôte la parole. — Crise comme au premier acte. — Stupeur de tous. Le Baron tombe assis sur un fauteuil à gauche.*)

LÉOPOLD. Je n'ai donc rien pu, mon Dieu !

LE BARON, *reprenant ses sens et parlant d'une voix basse et pénétrante*. Mademoiselle Catherine Godard...

LÉOPOLD *et* LOUISE. Il est sauvé !

LE BARON, *très-haut*. Mademoiselle Catherine Godard, nous allons sortir de chez vous. (*Un coup de feu se fait entendre au dehors.*)

ROSE, *paraissant ; elle a sous sa mante un petit coffret qu'elle laisse glisser ; Vertbois le reçoit*. Monsieur le baron !

TOUS. Rose !...

ROSE. Monsieur le baron, je viens...

HORTENSE, *vivement*. De chez Galoubet !

LOUISE. Du sang ! blessée !

ROSE, *s'évanouissant*. Ah ! (*Elle tombe assise à droite.*)

GALOUBET, *paraissant au fond*. La Rose au lieu de Fructueux ! Maladroit ! j'avais du vin dans mon coup d'œil ! (*Il s'esquive par la gauche.*)

LOUISE. Grâce à ce médaillon, que la balle a brisé... (*elle le montre*) la blessure ne sera rien. **

LÉOPOLD. Mon portrait ! celui de ma mère !... Mais est-elle sauvée, mon Dieu ?... (*S'agenouillant.*) Rose ! revenez à vous !... Rose ! écoute-moi !

LOUISE. Léopold !

LÉOPOLD. Ne vous ai-je pas dit que je l'aimais, ma mère... Oui, mon père, je l'aime, et si je ne la sens pas se ranimer !... si...

ROSE, *Revenant à elle*. Ah !

LÉOPOLD. Elle revient à elle !

VERTBOIS, *qui a sorti les papiers de la cassette*. Que vois-je donc là ! des titres ! des donations en bonne forme ? (*A ce moment, Carpentier sort doucement par la gauche.*)

HORTENSE. Oui, certes, en bonne forme !...

* Fructueux, Vertbois, Carpentier, Léopold, le Baron, Louise, Hortense.

** Fructueux, Vertbois, le Baron, Léopold, Louise, Rose, Carpentier.

Et cependant, monsieur le baron, je n'avais eu l'idée de ce réveillon que pour vous les rendre, ces titres !

FRUCTUEUX. Ça c'est vrai ! je le jure ! *

HORTENSE. Fructueux, à présent je les trouve bons...

FRUCTUEUX. Nous les trouvons bons à déchirer.

VERTBOIS. Oh ! le sacrifice n'est pas bien grand : des actes signés par un malade...

LE BARON. Qu'importe !... je n'oublierai pas les services d'Hortense, et j'entends lui assurer...

FRUCTUEUX. Rien, monsieur le baron... Hortense redeviendra Catherine ; elle aura... elle a... (*il prend le bras d'Hortense, qui baisse la tête*) un mari qui travaillera pour elle ; qui l'aime assez pour la rendre bonne, et qui, en s'éloignant avec elle, ne laissera, comme elle, que des souhaits de bonheur au seuil de la maison. (*Ils gagnent la porte.*)

* Vertbois, Fructueux, Hortense, le Baron, Léopold, Rose, Louise.

LOUISE. Que Dieu les rende heureux !

CHOEUR en dehors. (Musique de Scard.)
Il se chante piano jusqu'à la fin, tandis que le dialogue se poursuit.

Voici Noël qui nous ramène
La nuit de veille aux chants joyeux :
Gloire à Marie, à l'humble reine !
Gloire à son fils, le roi des cieux !

VERTBOIS. Ah ! ah ! voici nos paysans chanteurs qui fêtent la Noël !

LE BARON. Eh bien, puisqu'ils ont des chansons pour toutes les fêtes, nous les inviterons au mariage de Léopold.

LÉOPOLD. Avec qui donc, mon père ?

LE BARON. Avec mademoiselle Rose, la chanvrière.

LÉOPOLD et ROSE. Ah !

(*Le rideau tombe.*)

FIN.

Paris. — Imprimerie de madame veuve DONDEY-DUPRÉ, rue Saint-Louis, 46, au Marais.

Rita l'Espagnole, dr. 5 actes.	Stella, drame en 5 actes.	Traite des noirs (la), dr. 5 actes.	Vicomte de Girofle (le), 1 acte.
Roméo et Juliette, 5 actes.	Sans nom, fol.-vaud. 1 acte.	Tremblement de terre de la Martinique (le), dr. 5 act.	Vautrin, dr. 5 a. par Balzac.
par F. Soulié.	Sept Châteaux du diable (les).		Vendredi (le), vaud. 1 acte.
Rubans d'Yvonne (les), c. 1 act.	Sœur du Muletier (la), dr. 5 a.	Tirelire (la), vaudeville, 1 acte.	Vénitienne (la), dr. en 5 actes.
Ralph le bandit, mélod. 5 actes.	Sept enfants de Lara (les). 5 a.	Thomas Maurevert, drame 3 a.	Voisin (la), dr. 5 actes.
Révolution Française (la), 4 act.	Sonnette de nuit (la), en un acte.	Tailleur de la Cité (le), dr. 5 ac.	Vouloir c'est pouvoir, c.-v. 2 a.
Rigobert ou fais-moi bien rire.	Stéphen, dr. 5 actes.	Tyran d'une femme, v. 1 acte.	Veille de Wagram.
Ramoneur (le), dr.-vaud. 2 actes.	Sous une porte cochère, v. 1 act.	Urbain Grandier, par A. Dumas.	Voyage en Espagne, vaud. 1 acte.
Salpêtrière (la), dr. 5 actes.	Simplette, vaud. 1 acte.	Un grand Criminel, dr. 3 actes	Zanetta ou jouer avec le feu.
Sac à malices (le), féer. en 3 act.	Tache de sang (la), dr. 3 act.	Une Nuit au Louvre, dr. 3 actes.	
Servante du curé (la).	Trois épiciers (les), vaud. 3 act.	Un Changement de main, 2 a.	

RÉCENTES PUBLICATIONS.

CLAUDIE, drame en 3 actes, par GEORGES SAND....................................	1 50
FRANÇOIS LE CHAMPI, comédie en 3 actes, en prose, par Mme GEORGES SAND..........	1 50
LE JOUEUR DE FLUTE, comédie en un acte, par M. E. Augier.......................	1 50
LA JEUNESSE DES MOUSQUETAIRES, drame 5 actes, par MM. Alex. Dumas et Maquet..	1 »
PAILLASSE, drame en 5 actes, par MM. Dennery et Marc Fournier..................	» 60
JENNY L'OUVRIÈRE, drame en 5 actes, de MM. Decourcelle et J. Barbier............	» 60
LA FILLE DU RÉGIMENT, opéra comique en 2 actes de MM. Bayard et de Saint-Georges...	» 60
URBAIN GRANDIER, drame en 5 actes, par MM. Alex. Dumas et Aug. Maquet...........	» 50
BONAPARTE, ou les 1res Pages d'une grande Histoire, pièce milit. en 20 tabl. de M. F. Labrousse.	» 50
UN MARIAGE SOUS LOUIS XV, comédie en cinq actes, par M. Alexandre Dumas......	» 50
UNE MAUVAISE NUIT EST BIENTÔT PASSÉE, com.-vaud. en un acte, par M. Honoré...	» 50
LES FRÈRES CORSES, 5 actes, tiré du roman d'Alex. Dumas par MM Grangé et Montépin.	» 50
LE PETIT TONDU, drame militaire en trois actes, par M. F. Labrousse...............	» 50
LA CHASSE AU CHASTRE, fantaisie en 3 actes et 8 tableaux, par M. Alex. Dumas........	» 50
HENRI LE LION, drame en 5 actes, par MM. St-Ernest et Filliot....................	» 50
PAULINE, drame en 5 actes, tiré du roman de M. Al. Dumas, par MM. Grangé et Montépin.	» 50
L'ARMÉE DE SAMBRE-ET-MEUSE, 4 actes et 19 tableaux, par F. Labrousse et Frédéric....	» 50
IL Y A PLUS D'UN ANE A LA FOIRE... Vaud. en 1 acte, par MM. Paul de Kock et de Guiches.	» 50
LA FEMME DE MÉNAGE, vaudeville en 1 acte, par M. Michel Delaporte...........	» 50
LA BARRIÈRE CLICHY, drame militaire en 5 actes et 14 tableaux, par Alexandre Dumas...	» 60
VALÉRIA, drame en cinq actes et en vers, par MM. Auguste Maquet et Jules Lacroix.......	2 »
LE DIABLE, drame en cinq actes, par MM. Delacour et Lambert Thiboust.............	» 60
LE PLANTON DE LA MARQUISE, comédie-vaud. en un acte, par MM. Ward et H. Vannoy.	» 50
UNE FEMME PAR INTÉRIM, vaudeville en un acte, par MM. E. Hugot et Lehmann....	» 50
ENTRE DEUX CORNICHET, com.-vaud. en un acte, par MM. Paul de Kock et Boyer...	» 50
MEUBLÉ ET NON MEUBLÉ, vaudeville en un acte, de MM. Dupeuty et E. Grangé......	» 50
LES TROIS VOISINS, LES TROIS VOISINES, comédie-vaudeville en un acte, par M. Dubois.	» 50
LE MONDE VOLANT, vaudeville en un acte, par M. Ch. Paul de Kock................	» 50
CONTRE FORTUNE, BON CŒUR, com.-vaud. en 1 acte, par M. J. de Wailly et A. Overnay	» 50
LA GOTON DE BÉRANGER, vau en 5 a. dont un prologue, par Mrs Cormon, Grangé et Dutertre.	» 60
MERCADET, comédie en 3 actes, par H. de Balzac................................	1 50
LE DOUTE ET LA CROYANCE, drame en 4 acte, par M. J. M. Cournier..............	»
LES QUENOUILLES DE VERRE, féerie-vaud. en 3 actes et 8 tab., par M. Michel Delaporte.	» 60
LA FILLE DE FRÉTILLON, vaudeville en un acte, par MM. Deadé e Choler..........	» 50
LA PAYSANNE PERVERTIE, drame en 5 actes, de MM. Dumanoir et d'Eunery.......	» 60
BOUDJALI, vaudeville en un acte, de MM. Élie Sauvage, Duhomme et René Chevalier.....	» 50
QUAND ON VA CUEILLIR LA NOISETTE..., Vaudeville en un acte, de MM. Henry de Kock et Amédée de Jallais...	» 60
LA CIRCASSIENNE, com. mêlée de chant en un acte, par MM. Saint-Hilaire et É. Bordier.	» 60
LA COURSE AU PLAISIR, revue de 1851, de M. Delaporte, T. Muret et Gaston de Montheau.	» 60
L'AME TRANSMISE, drame en 5 actes, par M. J. Chardon............................	» 60
A QUI MAL VEUT, MAL ARRIVE, vaud.-proverbe en un acte, de MM. Roche et Chéreault.	» 60
LES REINES DES BALS PUBLICS, folie-vaudeville en 1 acte, par MM. Michel Delaporte et Gaston de Montheau...	» 60
JOANITA, grand opéra en trois actes, paroles de MM. Edouard Duprez et G. Oppelt, musique de M. G. Duprez...	1 »
LA DAME AUX COBÉAS, parodie-vaudeville en 3 actes, par MM. Cogniard frères et Bourdois.	» 60
SARAH LA CRÉOLE, drame en cinq actes, par MM. A. de Courcelle et Jaime fils........	» 60
LA CHANVRIÈRE, comédie en trois actes mêlée de chant, par M. Ed. Plouvier...........	» 60

NOUVELLES PUBLICATIONS

De la LIBRAIRIE THÉATRALE, Boulevard Saint-Martin, 12.

BIBLIOTHÈQUE DE VILLE ET DE CAMPAGNE.

ROMANS MODERNES ILLUSTRÉS A VINGT CENT. LE VOLUME.

Dessins de F. BARRIAS et BELIN, gravés par DEGHOUY.

Une lacune regrettable existait dans les publications de romans illustrés à 20 centimes le volume ; parmi les noms que le public recherche avec empressement, quelques-uns ne figurent pas dans ces collections, d'autres n'y paraissent que très-incomplétement. Nous sommes heureux de pouvoir annoncer que nous allons combler cette lacune en publiant successivement dans notre BIBLIOTHÈQUE DE VILLE ET DE CAMPAGNE les œuvres de FRÉDÉRIC SOULIÉ, les derniers romans de PAUL DE KOCK, les CRIMES CÉLÈBRES d'ALEXANDRE DUMAS, les œuvres choisies de MARCO DE SAINT-HILAIRE, SOUVENIRS D'UN AVEUGLE, VOYAGE AUTOUR DU MONDE, par JACQUES ARAGO, et quantité d'autres ouvrages.

Les noms des auteurs que nous annonçons, les soins particuliers que nous donnons à la correction du texte, au tirage des gravures et à la fabrication entière des ouvrages, dont l'impression est confiée à la maison Dondey-Dupré, nous font espérer que notre nouvelle publication aura autant de succès que les autres, profitant aujourd'hui de toutes les améliorations apportées dans ces publications depuis leur origine.

OUVRAGES COMPLETS EN VENTE :

Sathaniel, par FRÉDÉRIC SOULIÉ, 22 vignettes........................	1 fr.	10 c.
Les Deux Cadavres, par FRÉDÉRIC SOULIÉ, 25 vignettes.............	1	10
L'Amoureux transi, par PAUL DE KOCK, 25 vignettes.................	1	10
Les Mémoires du Diable, par FRÉDÉRIC SOULIÉ, 66 vignettes.......	3	15
La Jolie Fille du Faubourg, par PAUL DE KOCK, 24 grandes vignettes.	1	10
Le Lion amoureux, par FRÉDÉRIC SOULIÉ, 9 vignettes...............	»	50
Le Comte de Toulouse, par FRÉDÉRIC SOULIÉ, 25 vignettes.........	1	10
Les Prisons de l'Europe, par ALBOIZE et AUG. MAQUET, 67 grandes vignettes.	3	55
Le Vicomte de Béziers, par FRÉDÉRIC SOULIÉ, 22 vignettes.........	1	10
Eulalie Pontois, par le même, 8 vignettes............................	»	50
Diane de Chivri, par le même..	»	50
Les Crimes célèbres, par ALEXANDRE DUMAS, les 5 parties en un seul volume.	3	95

Les mêmes, par séries brochées séparément comme suit :

La Marquise de Brinvilliers, la Comtesse de Saint-Géran, Karl Sand, Murat, les Cenci.	»	90
Marie Stuart, par ALEXANDRE DUMAS, 14 vignettes.................	»	70
Les Borgia, la Marquise de Ganges, par ALEXANDRE DUMAS, 21 vignettes.	»	90
Les Massacres du Midi, Urbain Grandier, par le même.............	1	10
Jeanne de Naples, Vaninka...	»	70

EN COURS DE PUBLICATION PAR LIVRAISONS.

Voyage autour du Monde......	JACQUES ARAGO.	L'Homme des Ruines........	DINOCOURT.
Les Quatre époques............	FRÉDÉRIC SOULIÉ.	Le Camisard..................	DINOCOURT.
Le Château de Walstein........	FRÉDÉRIC SOULIÉ.	Le Magnétiseur...............	FRÉDÉRIC SOULIÉ.
Ce Monsieur....................	PAUL DE KOCK.	L'Homme aux trois culottes..	PAUL DE KOCK.
Mémoires d'un Page de l'empire.	MARCO DE ST-HILAIRE.	Les Quatre Sœurs............	FRÉDÉRIC SOULIÉ.
Une Tête mise à prix...........	DINOCOURT.	Huit jours au château........	FRÉDÉRIC SOULIÉ.

Il paraît une ou deux Livraisons par semaine.

Paris. — Typ. de Mme Ve Dondey-Dupré, rue Saint-Louis, 46, au Marais.

www.ingramcontent.com/pod-product-compliance
Lightning Source LLC
Chambersburg PA
CBHW060559050426
42451CB00011B/1984